U0676548

国宏智库青年丛书

中国企业双层股权结构
制度研究

石　颖◎著

中国社会科学出版社

图书在版编目（CIP）数据

中国企业双层股权结构制度研究／石颖著 . —北京：
中国社会科学出版社，2021.5
（国宏智库青年丛书）
ISBN 978 - 7 - 5203 - 7873 - 4

Ⅰ.①中…　Ⅱ.①石…　Ⅲ.①上市公司—股权结构—
研究—中国　Ⅳ.① F279.246

中国版本图书馆 CIP 数据核字（2021）第 022881 号

出 版 人	赵剑英
策划编辑	喻　苗
责任编辑	刘凯琳
责任校对	任晓晓
责任印制	王　超

出　　　版	中国社会科学出版社
社　　　址	北京鼓楼西大街甲 158 号
邮　　　编	100720
网　　　址	http://www.csspw.cn
发 行 部	010 - 84083685
门 市 部	010 - 84029450
经　　　销	新华书店及其他书店

印　　　刷	北京明恒达印务有限公司
装　　　订	廊坊市广阳区广增装订厂
版　　　次	2021 年 5 月第 1 版
印　　　次	2021 年 5 月第 1 次印刷

开　　　本	710×1000　1/16
印　　　张	13
字　　　数	201 千字
定　　　价	78.00 元

凡购买中国社会科学出版社图书，如有质量问题请与本社营销中心联系调换
电话：010 - 84083683
版权所有　侵权必究

2019年3月1日，上海证券交易所科创板正式落地，允许表决权差异安排是其中的一项重大突破，这是资本市场基础制度变革的一次有益尝试，更为解决分散股权时代我国大量"独角兽"企业上市融资与保持控制权矛盾提供了一个可行方案。关于双层股权结构制度，实际上在美国等世界主要市场经济国家和地区已有大量实践，也涌现出比较多的理论研究成果。不过，长期以来我国严格奉行"同股同权"原则，学术界对双层股权结构这种新兴的股权结构安排缺乏认识和讨论，对引入双层股权结构制度的合理性、优势与问题缺乏深入研究。近年来，随着中国存托凭证、国家特殊管理股、科创板表决权差异安排等双层股权结构的中国化尝试不断上演，双层股权结构制度成为争论的中心，现实需求倒逼我国理论界展开研究。在此背景下，喜闻石颖博士的专著《中国企业双层股权结构制度研究》即将付梓出版，邀请我作序，便欣然接受。

石颖博士对公司治理问题有比较深刻的看法以及扎实的研究功底。她的《中国企业双层股权结构制度研究》专著由八章组成，每章突出一个观点，且内容从现实、到理论再到政策，呈现出层层递进的逻辑关系。具体地，石颖博士从研究缘起开始落笔，对双层股权结构制度的现实背景、理论探索、国际经验进行了总结性研究，对中国双层股权结构制度的积极实践进行了跟踪讨论，对国内外采用双层股权结构上市的典型案例进行了深入剖析，对我国引入双层股权结构制度的适用性和范式设计进行了探索性研究。应该说，这本专著内容翔实、思路明确，形成了相对完整的逻辑体系，对于我国正在进行的资本市场制度改革具有启迪意义，也为双层股权结构制度引入中国提供了理论探索和实践支撑。

《中国企业双层股权结构制度研究》专著回应现实需求，为解决现实问题。从 2015 年开始，我国资本市场上控制权争夺的案件屡见不鲜，野蛮人频繁"撞门"，在资本市场上恶意并购市值被明显低估的上市公司，对创始人和管理层团队的积极性造成重创。之所以造成这种状况，除了优质上市公司价值被低估外，还与高科技公司自身的企业特点有关。这类公司在创始人和管理层团队不断融资的过程中，股权被逐渐稀释，丧失控制权的风险越来越大。简而言之，融资需求与掌握控制权存在矛盾。而在国内，在保持控制权情况下实现上市的诉求得不到满足，只能寻求在海外上市。石颖博士在书中对这一公司治理现实问题把脉准确，并对解决这一现实问题提供了一些有价值的理论探索，她系统性地提出一些见解，而且是有预见性的。

《中国企业双层股权结构制度研究》专著深化理论认识，寻求理论上的支撑。关于双层股权结构制度，当前的理论分析不够深入是学术文献中普遍存在的问题。引入双层股权结构制度，必须确保这一制度是具有深刻的理论基础的，也就是说，其存在具有理论层面的合理性。石颖博士从管理学视角出发，聚焦双层股权结构制度的内涵与外延、表现形式以及优劣势，把握住了双层股权结构制度的本质和精髓。另外，她将委托代理理论、股东异质化理论、企业家间接定价理论以及企业生命周期理论等管理学理论引入对双层股权结构的观察和分析之中，深挖散落在管理学理论深处的观点，围绕双层股权结构的现有文献和发展历史进行详细回顾，这对于深入理解双层股权结构的合理性，把握双层股权结构的发展趋势具有一定程度的启发性。

《中国企业双层股权结构制度研究》专著跟进实践发展，有深刻的政策含义。面对传统公司治理观念和模式，以及当前所产生的公司治理困境，近年来我国资本市场正在积极寻求变革。石颖博士对国内外资本市场对采用双层股权结构上市的态度进行了梳理，有助于对双层股权结构的国际实践形成感性认识。她进一步对 Facebook、Google、阿里巴巴、京东等具体案例展开剖析，使得内容更为翔实，也有助于对这一制度在企业中的实践形成有血有肉的认识。她还跟踪了包括中国存托凭证、科创板表决权差异安排的实践进展，并提出未来在信息披露、超级表决权股东监管、投资者保护、事后救济等方面进一步细化和完善的相关建议，这对于中国双层股权结构制度的改革和创新具有重要的指导意义。

当前，世界面临百年未有之大变局，我国正值"两个一百年"奋斗目标的历史交汇期，中国经济高质量发展需要全新的宏观和微观基础。希望本书的出版能够为中国资本市场基础制度变革提供一些新思路和新视角，为监管当局、实践企业以及相关理论研究者提供新的认识。祝愿石颖博士的研究百尺竿头、更进一步，为推动公司治理改革做出更大的贡献！

是为序。

银温泉

国家发展和改革委员会经济体制与管理研究所所长

　　股份有限责任公司是人类最伟大的发明之一。基于股份有限公司中股份的可转让性、企业持续经营假设以及有限责任制三大特征，股份有限责任公司有效地协调了不同股东的利益诉求，解决了信息不对称的问题，实质上带来了制度和观念上的变革。正如马克思曾说道："假如必须等待积累，以使某些单个资本增长到能够修建铁路的程度，那么恐怕直到今天，世界上还没有铁路。但是，通过股份公司转瞬之间就把这件事情完成了。"①

　　不过，股份有限责任公司存在天然的局限性，那就是所有权和经营权的分离。随着企业长远发展的需要，越来越多的股东加入，带来股权的不断稀释。有时候，往往在一个企业里找不到一个大股东，这样的情况使得绝大部分的股东都既没有兴趣、没有时间精力，也不具备足够的专业知识来监督管理公司的日常运作。企业的经营管理也越来越复杂，通过委托代理关系将经营权交给更具专业能力和管理才能的经理人来运营，是比较现实的选择，由此股东与管理者之间产生了委托代理关系，带来了所有权和经营权的分离。所有者和经营者追求的目标是不同的，所有者希望获得的是股权回报，也就是金钱上的满足，而经营者更多的是关心更大的权力、更多的津贴和更好的名誉。200 多年前，经济学鼻祖亚当·斯密在《国富论》里面就有过精彩的描述："在钱财的处理上面，股份公司的董事是为他人尽力，而私人合伙

---

　　① ［德］马克思：《资本论》第 1 卷，人民出版社 2018 年版。

公司的合伙人则纯粹是为了自己盘算。所以你想要让那些股份公司的董事，像私人合伙人那么兢兢业业、尽忠职守是不现实的。就像那些有钱人家的管家一样，他们所想的事情还不一定是主人所关心的事情。所以在那些股份公司里面，就经常有疏忽和浪费的现象，正是因为这样，凡是那些从事国外贸易的股份公司，他们的经营业绩总是比不上私人公司。"

现代公司治理的研究起初就是为了解决由于委托代理关系所产生的两权分离问题。以前，传统的基于"同股同权"原则的单一股权结构，公司的法人治理结构一般由股东大会、董事会、监事会和经理层组成，相互之间形成权力、利益和责任的制衡机制，降低了代理成本，保持了企业长效发展。但随着我国进入股权分散时代，以互联网企业为代表的新经济企业，创始人团队将企业视为自己的孩子一样投入心血，对公司未来发展战略和企业独有文化的影响无可替代，上市融资与掌握控制权之间的矛盾变得更加突出。双层股权结构制度作为一种新型的股权结构安排成为这类企业公司治理架构的新选择。然而，双层股权结构通过赋予部分股东超级投票权，加剧了两权分离程度，不断受到诟病。不过双层股权结构消解了上市融资与创始人团队保持控制权之间的矛盾，而被越来越多的国家和地区引入，2018 年 4 月 24 日，香港联交所在痛失阿里巴巴之后，正式宣布接受设置双层股权结构的公司赴港股上市。2019 年 3 月 1 日，我国上海证券交易所科创板发布上市规则，允许公司设置表决权差异安排的公司上市融资。对双层股权结构制度的研究和讨论正是基于这样一个现实背景的需要变得非常重要和紧迫。

石颖博士的专著《中国企业双层股权结构制度研究》的出版，可以说是恰逢其时，因为她抓住了当前公司治理领域的新焦点。该书对双层股权结构制度进行了比较全面的研究，围绕双层股权结构制度的概念界定、理论进展、实践发展、典型案例、范式设计等几个方面，揭示了当前我国公司治理面临的新难题，针对双层股权结构制度的困惑和矛盾给出了解决途径。该书避免了泛泛而谈，而是从实践中来，到实践中去，对双层股权结构制度的历史、演进与发展趋势进行深入探讨，有的放矢、直中要害。这种直面问题、解决问题的写作逻辑是本书的特色，也是值得称赞的，中国引入双层股权结构制度对于中国企业公司治理改革以及资本市场基本制度的创新具有重要的指导意义。

希望石颖博士写出更多的、更有分量的公司治理著作，为中国公司治理理论的发展，为中国公司治理实践，提供更多的智慧和思考！

高闯

国务院学位委员会工商管理学科评议组成员

首都经济贸易大学学术委员会主任

　　双层股权结构制度简单地讲就是将所有权与投票权分离，使得少数权益股东可以实现持有少量股份却能获得实际控制大于其持股份额的投票权。近年来，我国资本市场呈现出由相对集中到相对分散的变化趋势。从2001—2019年的长期观察来看，我国证券交易市场上市公司第一大股东持股比例平均水平总体呈现出下降的趋势，尤其自2012年开始，这种下降趋势表现得愈加明显。例如，2019年，我国上市公司第一大股东持股比例下降到32.93%左右，无法实现相对控制。按照西方发达资本市场的经验和看法，资本市场股权相对分散是较好的，是资本市场不断走向成熟的标志。然而，随着股权分散趋势不断加强以及股权分散化格局的不断形成，股权分散化背后的控制权弱化问题不断突出，导致我国上市公司的控制权让渡门槛不断降低。自2015年开始，以万科A、南坡A、格力电器、国美电器、绿城集团、雷士照明等控制权之争为代表，对于上市公司的并购、甚至是恶意"撞门"已经成为并将成为未来我国资本市场的常态。企业、投资人、监管机构和公众都能感受到门口野蛮人入侵[①]的危机感，这是分散股权时代我国公司治理面临的新难题之一。那么，究竟是应该通过市场这只"看不见的手"，还是政府这只"看得见的手"，来有效解决公司治理在新时代面临的难题呢？

　　为了积极应对股权分散情况下上市公司控制权可能旁落的问题，

---

　　① 本书的野蛮人入侵主要是指恶意并购。

无论是监管部门、证券交易所层面，还是上市公司层面，均积极采取行动，努力探索确保在充分发挥证券交易市场融资功能以助力上市公司发展壮大的同时，保证公司控制权牢牢掌握在创始人股东的手中。从上市公司的角度上看，以数字经济蓬勃发展所涌现的大量互联网企业为例，它们大多采用在更加宽松的资本市场上市的方式来规避股权分散情况下可能造成的控制权旁落问题。以 BATJ、小米集团为代表的许多中国新经济企业纷纷赴海外上市，导致大量优质资源外流，这种溢出效应将不利于我国资本市场的蓬勃发展。从证券交易所的角度上看，我国证券交易所做好制度创新是进一步发展的重要方向，是开展国际竞争、建立同我国经济规模相匹配的证券交易平台的关键基础。近年来，越来越多的国家和地区的证券交易所正在接纳公司采用双层股权结构上市。如 2018 年，中国香港、新加坡相继宣布允许双层股权架构企业上市。2018 年 6 月 4 日，中国证监会审议通过《存托凭证发行与交易管理办法（试行）》等多个文件，6 只主要参与"独角兽"企业[①] IPO 及 CDR 战略配售的战略配售基金获得批准并开始募集。[②] 2018 年 9 月 26 日，国务院发布《国务院关于推动创新创业高质量发展　打造"双创"升级版的意见》明确提出，推动完善公司法等法律法规和资本市场相关规则，允许科技企业实行"同股不同权"治理结构。[③] 2019 年 3 月 1 日，上海证券交易所科创板正式落地，其中允许企业采用双层股权结构上市是上市制度改革的一大亮点和突破。2019 年 4 月 17 日，《上市公司章程指引（2019）》围绕存在双层股权结构上市公司章程进行规范，为促进采用双层股权结构的上市公司科学规范公司章程，提高公

---

①　Lee：《Welcome To the Unicorn Club: Learning from Billion-dollar Startups》（2013 年 11 月 3 日），2020 年 3 月 12 日，https://techcrunch.com/2013/11/02/welcome-to-the-unicorn-club/。

②　鲁桐：《"独角兽"回归对资本市场的挑战》，《中国金融》2018 年第 12 期，第 73—74 页。

③　国务院：《国务院关于推动创新创业高质量发展　打造"双创"升级版的意见》（国发〔2018〕32 号 2018 年 9 月 26 日），2019 年 4 月 7 日，中国政府网，（http://www.gov.cn/zhengce/content/2018-09/26/content_5325472.htm）。

司治理水平，保护投资者合法权益迈出了坚实的一步。[①]中国内地资本市场迫切感受到不变革的压力，新经济企业上市、回归 A 股资本市场的呼声渐强，中国内地资本市场正在加快改革步伐，对新经济企业敞开怀抱。

长期以来，我国严格奉行一股一票制规则。不允许"同股不同权"的企业上市融资，致使许多优质的科创类企业不得不选择赴海外上市融资。根据瑞格律师事务所的统计数据，2013 年 1 月至 2014 年上半年中国赴美上市的公司中，仅有一家没有采用双层股权结构。[②]这对建设中国资本市场来说是一种损失，也使得中国投资者丧失投资机会。那么，在国内一直未被接纳的双层股权结构真的是洪水猛兽吗？实际上，从 19 世纪末美国首次开始双层股权结构实践算起，围绕双层股权结构制度的争议就一直存在。即使在一个世纪后，哈佛大学施莱弗教授领导的法与金融研究团队在评估各国资本市场对投资者权益保护状况时，依然把允许"同股不同权"认为是对投资者权益保护不利的上市制度之一。直到今天，为数不少的投资者协会、公司治理协会等组织依然在通过各种途径反对"同股不同权"的上市实践，认为这是对股东基本权益的践踏和侵犯。随着以互联网为标志的第四次工业革命浪潮来袭，Google、Facebook 等一批互联网企业选择采用双层股权结构上市，使得是否接纳双层股权架构企业上市等议题引起包括我国在内的世界各国家和地区的资本市场的广泛争议。

理论界的广泛讨论和实践领域的艰难抉择，使得研究中国主板市场是否应该继续推行双层股权结构制度变得更加重要且紧迫。基于此，本书从双层股权结构制度的研究缘起说起，挖掘双层股权结构制度的理论依据、优势与劣势以及发展历史，在对全球主要资本市场和中国关于双层股权结构制度实践进行梳理回顾、跟踪进展和对比分析的基

---

① 中国证券监督管理委员会：《【第 10 号公告】关于修改〈上市公司章程指引〉的决定》（2019 年 4 月 17 日），2020 年 2 月 11 日，http://www.csrc.gov.cn/pub/zjhpublic/zjh/201904/t20190417_354454.htm。

② 搜狐网：《证券法修改：AB 股权结构能否入"法眼"》（2017 年 3 月 13 日），2020 年 2 月 18 日，https://www.sohu.com/a/128664693_115496。

础上，对国内外采用双层股权结构上市的典型公司案例展开分析，进而对中国资本市场双层股权结构制度的适用性、范式设计以及进一步发展提出相应的政策建议。本书希望对双层股权结构制度进行系统性解构和分析，以期提供一些新的见解，启发一些新的思考。

在内容安排上，笔者按照如下思路展开：

第一章，绪论：双层股权结构制度的研究缘起——指向"紧迫性"。阐述本书的选题背景，奠定整个研究的总基调，分成资本市场股权结构逐渐分散化、控制权争夺事件频繁上演、大量科技企业赴海外上市、智力资本的作用越发重要、以"企业家"为中心的公司治理范式逐步形成五个小节展开论述。本章内容层层递进，具有逻辑上的连贯性，是聚焦于近年来双层股权结构制度成为热点议题背后的背景环境展开论述的。

第二章，双层股权结构制度的理论探索——指向"科学性"。清晰界定双层股权结构的内涵概念、表现形式以及优势劣势是后续整个研究的基础。笔者从管理学理论视角出发，对双层股权结构制度的管理学理论进行深入挖掘，基于委托代理理论、股东异质化理论、企业家间接定价理论以及企业生命周期理论四个理论来探究双层股权结构制度的理论溯源，对国内外双层股权结构实施效果的实证研究进行梳理，并以美国为例梳理了双层股权结构制度发展演变的大体过程，使读者更加了解双层股权结构制度的历史渊源。

第三章，双层股权结构制度的国际经验——指向"借鉴性"。通过对全球主要交易所对双层股权结构制度的实施情况进行统计分析，以期形成对双层股权结构全球实践的总体认识。进一步对美洲、欧洲和亚洲三个区域的双层股权结构实践情况进行考察，其中，以美国、加拿大等为代表的美洲国家较为广泛地应用双层股权结构制度，以德国、英国、法国等为代表的欧洲国家对双层股权结构制度的态度比较矛盾，以新加坡、中国香港、日本等为代表的亚洲国家或地区对双层股权结构制度的态度趋向缓和。通过对世界主要发达国家或地区证券市场对双层股权结构制度的规定进行研究和比较，提炼出可供借鉴的国际经验。

第四章，中国双层股权结构制度的积极实践——指向"探索性"。

本章主要对我国现行公司法、行政法规、证券交易所关于公司设置双层股权结构制度的有关规定进行归集和分析。通过跟踪香港联合交易所"不同投票权架构"最新进展，我国 A 股存托凭证以及上海证券交易所科创板"表决权差异安排"的最新实践，对我国现有的关于双层股权结构制度的规定和政策进行分析，重点剖析当前已有相关政策实践的进展、有益经验和不足之处。

第五章，采用双层股权结构上市的典型案例分析——指向"启发性"。分别以 Google、Facebook、SNAP 公司为代表的西方企业和以京东、阿里巴巴、小米为代表的中国企业为典型案例，从公司简介、双层股权推进过程和基本情况以及实施双层股权结构效果讨论三方面对典型企业案例进行梳理剖析，对比分析公司采用双层股权结构上市的实践，并从这些案例中归纳总结可资借鉴的模式。

第六章，中国双层股权结构制度的适用性分析——指向"边界性"。这部分从适于双层股权结构制度的制度环境、资本市场、行业特征、企业属性以及管理层特质五个方面入手，对中国双层股权结构制度的适用性做一个较为全面的分析，以便总结出究竟哪些情况适用于实施双层股权结构，哪些情况不适用于实施双层股权结构，寻找双层股权结构制度的适用边界。

第七章，中国企业双层股权结构制度的范式设计——指向"可操作性"。为规避双层股权结构制度存在的弊端，本部分针对我国双层股权结构制度的实施现状，结合我国资本市场和企业融资的现实需求，探索进一步完善我国双层股权结构制度的范式设计。具体地，把中国企业双层股权结构制度范式设计的前提条件、主要思路、具体举措、配套制度四部分内容展开。

第八章，研究结论与政策建议——指向"总结性"。在本章，对全书的研究做一个总结，并对接下来我国推进双层股权结构制度提出政策建议，对未来双层股权结构制度领域的可研究内容进行展望。

我对本书的撰写并不完全满意，但这是本人进行公司治理研究的一个新起点，今后将更加努力使后续的研究更深入，努力达到更好的成果。希望本书能为双层股权结构在我国的发展提供一定的理论支撑和实践参考。衷心感谢中国宏观经济研究院对本书的资助和支持，感谢国家发展和改革委员会经济体制与管理研究所对本研究给予的关心和帮助。非常感谢中国社会科学出版社的喻苗编辑，在推动本书出版过程中的耐心和专业。鉴于双层股权结构制度的研究涉及内容十分庞杂，由于时间、精力和水平有限，书中难免存在错误和疏漏，真诚欢迎广大读者朋友批评指正！

石颖

2020 年 4 月于月坛南街

目 录

Contents

第一章

绪论：双层股权结构制度的研究缘起

近年来，我国资本市场中的企业股权结构呈现出逐渐向分散化演变的态势，这一大的背景使得控制权纷争不断上演且愈加频繁。在进入知识经济时代的过程中，智力资本的作用日趋重要，而在以创始人或主要管理者的企业家才能为关键要素的新经济企业中，这一问题尤为严峻，创始人或主要管理者因面临控制权稀释乃至丧失的风险，而不得不赴海外上市，致使大量的优质上市公司出走国外。国外资本市场吸引这些公司的最大奥秘之一便是允许双层股权结构公司上市融资。因此，笔者在本章从双层股权结构制度的现实背景引入，试图说明双层股权结构制度的研究为何如此迫切且重要。

第一节　资本市场股权逐渐分散化

1990 年 11 月和 12 月，我国先后成立上海证券交易所和深圳证券交易所两个交易所，标志着我国资本市场进入正式改革阶段。从 20 世纪 90 年代开始算起，一直到 2020 年，我国资本市场改革已走过 30 年，标志着我国资本市场改革进入而立之年。在 30 年的资本市场改革历程中，有两个至关重要的时间点，一个是 2007 年中国完成股权分置改革，正式结束我国资本市场两类股份、两种价格并存的历史；另一个是 2010 年证监会颁布《保险资金运用管理暂行办法》，正式允许保险资金等机构投资者（institutional investor）开展资本市场投资活动。其中，随着股权分置改革的完成，我国资本市场在"全流通"情况下，股票流动性进一步增强，从而从技术层面推动股权分散成为可能，不断推动中国资本市场股权结构由一股独大转向相对分散；随着我国保险资金正式被允许进入资本市场开展投资，我国资本市场的参与主体扩大更多，进一步推动我国资本市场投资主体的多元化以及上市公司股权结构的分散化。

一　股权分置改革奠定了资本市场化基础

股权分置是我国资本市场独有的一种现象，它的出现一方面是源于建立资本市场早期社会各界的认识不一致，另一方面也与当时国有资产管理体制处于早期阶段，国有资本运营的概念还未形成有关。除此之外，股权分置在当时的时代背景之下，是为了保证国家对于上市国有企业的绝对控制权，以及避免由于我国证券交易市场的不成熟而可能带来的无法完全承担上市公司股票完全自由流动情况下所带来的压力。因为在证券交易市场不成熟的情况之下，大量的国有企业股票进入市场完全流通。

作为我国特有的资本市场制度创新，股权分置改革的推行有效降低了因国有企业上市所可能遭遇的传统意识形态禁锢和具体利益分配方面的阻力，有效地推进了我国资本市场的发展以及我国国有企业改革的进程。然而，随着我国国民经济飞速发展以及融入国际化进程的深度和广度不断加快，资本市场股权分置制度所面临的问题也不断涌现。股权分置是历史遗留的制度性缺陷之一，随着我国资本市场不断规范、国有资产管理体制的不断变革以及新股上市发行的不断积累，股权分置对资本市场开放发展的掣肘性日益突出。据统计，截至2004年底，中国上市公司总股本为7149亿股，其中非流通股份4543亿股，占总股本的比例超过六成，为64%，而国有股份在非流通股份中占比超过七成，为74%。

股权分置改革实际上就是解决A股市场上流通股与非流通股之间的制度性差异，实现流通股与非流通股在机制上的转换。2005年4月29日，在党中央、国务院的领导下，中国证监会启动了股权分置改革。股权分置改革的顺利推进使国有股、法人股、流通股的利益分置差别和价格分置差别得到逐渐解决并最终消除，持有同样股份的各类股东也享有同样的基于股份数额的上市流通权和股价收益权，各类股票按统一市场机制进行定价，这不断成为各种类型股东共同的利益基础。因此，股权分置改革为中国资本市场优化资源配置功能的进一步发挥奠定了坚实的基础，使得中国证券市场能够基于市场化的原则对上市公司的股票进行定价，从而实现资本资源在不同上市公司之间进行高效配置，推动中国资本市场在市场基础制度层面同国际市场实现对接，最终消除了中国资本市场同国际资本市场本质上的差别。据统计，截至 2007 年底，沪、深两市共计 1298 家上市公司完成或者已进入股权分置改革程序，占应改革公司比例的 98%；未完成改革的上市公司仅33 家，可以说，我国证券市场股权分置改革的进程在两年时间内基本完成。① 表 1-1 按时间顺序列示了我国股权分置改革的重要事件。

随着股权分置改革的不断完成，我国证券市场所有上市公司的股票实现全流通，无论国有资本背景还是民营资本背景的大股东，只要开始减持所持有的股份，那么我国资本市场就开始呈现出明显的股权分散化的趋势。华润减持万科和北方工业减持南坡 A 是来自国有控股上市公司减持所持股份的典型例子，而梅雁发展减持梅雁吉祥则是来自民资控股上市公司减持所持股份的例子，梅雁吉祥的第一大股东持股比例一度低到 0.5%，成为"A 股股权结构最分散的公司"之一。2007 年，经历过股权分置改革，我国上市公司第一大股东平均持股比例从 44% 下降到 36% 左右，显示了我国资本市场所呈现出的股权分散化的趋势。

表 1-1 我国股权分置改革重要事件一览

编号	时间	事件
1	2005 年 4 月 29 日	中国证监会发布《关于上市公司股权分置改革试点有关问题的通知》，正式启动股权分置改革试点
2	2005 年 5 月 8 日	上海、深圳证券交易所和中国证券登记结算公司发布《上市公司股权分置改革试点业务操作指引》，随后，三一重工、紫江企业、金牛能源和清华同方 4 家公司成为第一批改革试点公司

---

① 中国证监会：《中国资本市场发展报告》（2008 年 6 月），2019 年 12 月 4 日，http://www.csrc.gov.cn/pub/newsite/yjzx/cbwxz/ebook/zgfzbg02_02.htm.

编号	时间	事件
3	2005 年 6 月 10 日	三一重工的改革方案获得高票通过，成为成功实施股权分置改革的第一家上市公司
4	2005 年 6 月 16 日	中国证监会发布《上市公司回购社会公众股份管理办法（试行）》，为上市公司股权分置改革营造良好的市场环境
5	2005 年 6 月 17 日	国务院国有资产管理委员会发布《关于国有控股上市公司股权分置改革的指导意见》
6	2005 年 6 月 19 日	第二批股权分置改革试点工作正式启动，42 家上市公司进入试点名单
7	2005 年 8 月 23 日	中国证监会、国资委、财政部、中国人民银行和商务部联合发布《上市公司股权分置改革管理办法》，股权分置改革全面推进
8	2005 年 9 月 6 日	上海、深圳证券交易所和中国证券登记公司联合发布《上市公司股权分置改革业务操作指引》
9	2005 年 9 月 12 日	40 家上市公司宣布进入改革程序，股权分置改革稳妥推进
10	2005 年 11 月 5 日	中国证监会和商务部联合发布《关于上市公司股权分置改革涉及外资管理有关问题的通知》，规范外商投资上市公司的股权分置改革
11	2005 年 11 月 22 日	深圳证券交易所中小企业板 50 家上市公司完成股权分置改革
12	2006 年 5 月 8 日	《上市公司证券发行管理办法》施行，对完成股权分置改革的上市公司恢复再融资
13	2006 年 5 月 24 日	中工国际工程股份有限公司发布招股说明书，成为"新老划断"后的首例新股发行，市场融资功能全面恢复
14	2007 年 12 月 31 日	已完成或进入股权分置改革程序的上市公司市值占应改革上市公司总市值的比重达到98%，股权分置改革基本完成

资料来源：笔者根据《中国资本市场发展报告》[①]整理所得。

二 机构投资者大举进入国内资本市场

2015 年 7 月，以万科股权之争为标志的控制权纷争成为我国资本市场股权结构分散化所带来的标志性问题事件。如图 1—1 所示，统计数据表明，从 2001—2019 年的长期观察来看，我国证券交易市场上市公司第一大股东持股比例平均水平总体呈现出下降的趋势，尤其是 2001 年到 2005 年以及 2012 年之后的趋势，这种趋势表现得愈加明显。

---

① 中国证监会：《中国资本市场发展报告》（2008 年 6 月）2019 年 12 月 4 日，http://www.csrc.gov.cn/pub/newsite/yjzx/cbwxz/ebook/zgfzbg02_02.htm。

自 2015 年开始，保险资本大举进入我国资本市场，使得我国上市公司第一大股东持股比例进一步从 36% 下降到 33% 左右，无法实现相对控制。此外，伴随着我国证券交易市场上市公司第一大股东持股比例平均水平的下降趋势，第一大股东持股比例低于 30% 的上市公司占比在不断增加，这进一步验证了我国国内资本市场股权逐渐呈现出来的分散化趋势和事实。

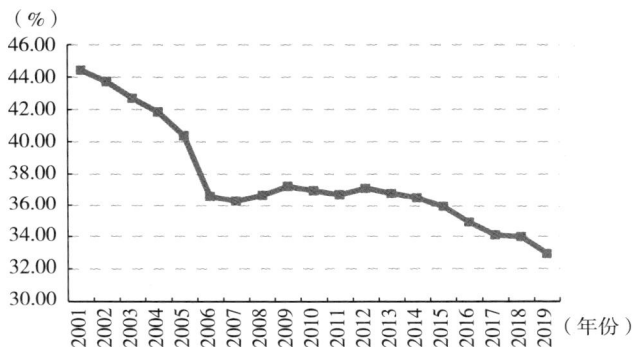

图1-1　2001—2019年第一大股东持股比例均值变化趋势图

资料来源：笔者根据Wind数据库材料整理所得。

第二节　控制权争夺事件频繁上演

股权在资本市场上占据关键的地位，随着我国资本市场进入分散化时代，围绕我国上市公司股权问题发生了新情况、新变化。那么，此期间我国资本市场究竟发生了何种的变化以及对于我国资本市场乃至我国上市公司意味着什么呢？随着股权分散趋势不断加强以及股权分散化格局的不断形成，股权分散化背后的控制权弱化问题不断突出，导致我国上市公司的控制权让渡门槛不断降低。如此一来，对于上市公司的并购甚至是恶意"撞门"已经成为并将成为未来我国资本市场的常态。尽管我国资本市场股权分散化为上市公司控制权之争创造了基本条件，但是，资本市场控制权之争也可以表现为不同的方式。通过研究和观察，笔者发现，一般而言，以 2015 年为分界线，我国公司控制权之争表现为两种不同的情况，分别为 2015 年之前通过"利空"

打压上市公司股价进一步获得控制权的方式以及 2015 年以后通过二级市场直接举牌的方式以获得上市公司控制权。

一　通过"利空"打压股价获得控制权

我国相当一部分大型企业在经过多年的发展之后，由于经历了多轮融资，原始股东和管理层所持有的股份已被逐渐稀释。随着创始人股东和管理层所持有公司股份占比越来越少，按照我国《中华人民共和国公司法（2018 修正）》（以下简称《公司法》）"一股一权"原则，创始人股东和管理层对于所持有公司的控制权已经很难保证，尤其是绝对控制权。在资本市场上，股权交易完全秉承市场化原则。上市公司股权的分散化，尤其是创始人股东没有持有绝对控制权，就有可能导致第三方投资者对上市公司股价进行打压，并且在成功打压目标公司股价的基础上，取得上市公司的控制权。之所以能够通过打压股票价格的方式获得控制权，主要原因就是这些上市公司的股权已经高度分散化，按照同股同权的原则，创始人股东由于所持有的股票占比不断下降，第三方投资者将更容易对创始人股东的控制权提出挑战，从而更轻易获取股权高度分散化上市公司的控制权。

二　通过二级市场直接举牌收购

通过二级市场直接举牌收购获得高度分散股权上市公司的控制权是控制权争夺的另外一种方式。这种方式的控制权争夺并不是通过打压目标公司的股权，在较低股价的基础上获得上市公司控制权的，而是直接通过在二级市场举牌对目标公司进行收购。尽管目标公司股价没有经过明显的打压下跌，但是，由于相应上市公司的股权已经非常分散，所以，对于实力较强的投资者而言，比如保险公司，就可以利用强有力的资本实力，对目标公司直接进行举牌收购。

在现实生活中，自 2015 年开始，以万科 A、南坡 A、格力电器、国美电器、绿城集团、雷士照明等控制权之争为代表，这些上市公司在二级市场上的股价大多表现不俗，且控制权争夺以二级市场直接举牌为主要手段。这是在中国逐渐走向股权分散时代恶意收购在资本市场上集中爆发的显著表现。这些事件让市场充分地意识到，传说中的"门外的野蛮人"已近在咫尺，已经成为我国股权分散化时代上市公司控制权所面临的最重要的问题之一。[①] 比如，2016 年 6 月，宝能系罢免总裁郁亮等 10 位董事以及两位监事的职务；2016 年 11 月，宝能系"血洗"南坡 A 董事会，董事长曾南及六位高管集体请辞。这类事件不断发生，使得股东、管理层，甚至是监管机构都深陷于公司治理对策空白的"恐慌"之中。[②] 相关纷争频繁出现在财经媒体头条，热度一直持续至今，这给公司治理的理论层面和实践层面均提出了新的难题。针对这种情况，2016 年 12 月 3 日，针对保险公司举牌收购上市公司的情况，时任中国证监会负责人就明确怒斥其为"土豪""妖精"和"害人精"。

案　例

万科控制权之争始末

2015 年开始，持续时间近两年的万科控制权之争是我国 A 股市场历史以来规模最大的一次公司收购与反收购事件。万科企业股份有限公司成立于 1984 年，1988 年进入房地产开发和物业服务行业，1991 年 1 月在深圳证券交易所上市，经过三十余年的发展，已经成为国内领先的房地产公司，主营业务包括房地产开发和物业服务。在万科进行股份制改造的过程中，王石主动放弃近 40% 的股份，选择做职业经理人，为的就是避免公司成为少数人独断的僵化组织，但是也为后续的控制权争夺埋下隐患。华润集团创始于 1938 年，是归国务院国有资产管理委员会管理的一家大型综合性中央企业。2000 年 8 月 10 日，华润直接受让万科总股本的 8.11%，并通过子公司华润北京置地增持 2.71% 的华

---

① 李四海、吴伟节：《公司治理困境：当分散股权遇上中国传统文化》，《中国经济报告》2018 年第 11 期。

② 强国令、刘克富：《"野蛮人入侵"、政府干预与双层股权结构——基于万科股权之争的案例研究》，《金融与经济》2018 年第 7 期。

润股份，总持股比例 10.82%。在此后的十余年时间里，华润系长期持有万科股份 15% 左右，且没有超过 20%。华润系与王石代表的万科达成了一种默契，华润作为第一大股东不承担过多的义务，也不过分干涉王石管理团队的日常经营，更像是一个不以控股为目的的财务投资者，双方相处十分融洽。

2015 年初，万科前十大股东持股情况如表 1-2 所示，第一大股东华润持股仅有 14.89%。当时，我国资本市场刚经历股灾，证监会鼓励资金增持蓝筹股。以姚振华代表的宝能系险资乘着这轮机遇，举牌一直以来价值被低估的万科，打破平静。宝能系是以宝能投资集团有限公司为中心的资本集团，该公司 2000 年 3 月在深圳成立，姚振华是其唯一股东。宝能集团控股宝能地产、前海人寿、钜盛华等多家子公司。

表 1-2　　　　　　2015 年初万科前十大股东持股情况

序号	股东名称	股东性质	持股比例	持股总数
1	华润股份有限公司	国有法人	14.89%	1645494720
2	HKSCC NOMINEES LIMITED	外资股东	11.90%	1314934677
3	国信证券—工商银行—国信金鹏分级 1 号集合资产管理计划	其他	4.14%	456993190
4	GIC PRIVATE LIMITED	其他	1.38%	151920952
5	刘元生	其他	1.21%	133791208
6	MERRILL LYNCH INTERNATIONAL	其他	1.12%	124049036
7	中国人寿保险股份有限公司—分红—个人分红 -005L-FH002 深	其他	0.87%	95999739
8	万科企业股份有限公司工会委员会	其他	0.61%	67168517
9	中国人寿保险（集团）公司—传统—普通保险产品	其他	0.57%	63399921
10	UBS AG	其他	0.54%	59198577

资料来源：笔者整理。

（一）重要事件回顾

1. 2015 年

7 月 10 日宝能系首次举牌：宝能系前海人寿首次举牌万科，通过二级市场买入万科 A 约 5.52 亿股，占万科 A 总股本的约 5%。

7 月 24 日宝能系第二次举牌：前海人寿及其一致行动人宝能系钜盛华对万科二度举牌，持有万科股份 11.05 亿股，占万科总股本的 10%，本次增持后，姚振华方面持有的万科股票数量距离万科第一大股东华润已经非常接近。

8 月 26 日宝能系第三次举牌：宝能系前海人寿、钜盛华两家公司增持了万科 5.04% 的股份，加上此前的两次举牌，宝能系合计持有万科 15.04%，以 0.15% 的优势，首次超过了 20 年来始终位居万科第一大股东的华润。

8 月底至 9 月初：华润两次增持万科，共持有万科 A 股 15.29% 股份，重新夺回万科的大股东之位。

11 月份宝能系第四次举牌：宝能系总计持有万科股份的 20%。

12 月 17 日宝能系第五次举牌：宝能系已至少持有万科股票 25.4%，成为万科第一大股东。

12 月 18 日：王石公开发言，表示不欢迎"宝能系"成为万科第一大股东，"宝万之争"正式开打。万科以有重大资产重组及收购资产为由临时停牌，宣布将推进重组和增发，万科 H 股同时停牌。

2. 2016 年

1 月 6 日：万科在咨询香港地区及中国内地的相关监管机构后，向联交所提出申请，于 2016 年 1 月 6 日早上 9 时开始恢复 H 股买卖，当日收跌 9.17%。

3 月 13 日：万科引入深圳地铁作为战略性股东。

截至 6 月 26 日：王石预实施"毒丸计划"，深圳地铁以前海国际三个地块为交易标的物作价入股，持有 20.65% 股份成为第一大股东，宝能系持股降至 19.27% 成为第二大股东，华润持股 12.10% 成为第三大股东，董事会审议重组方案未通过。

6 月 27 日：宝能系召开临时股东大会，要求罢免包括王石、郁亮在内的万科 10 名董事、2 名监事。

8 月：恒大系买入增持万科 5.52 亿股，占 10% 股权。随后几个月恒大系持续增持万科，到 11 月增持到 15.53 亿股，占万科 14.07% 股权。宝能系不再增持。安邦也进场搅局。

12月：开始整顿险资。证监会与深交所发函宝能华润是否是一致行动人、国资委表态支持深圳地方国企。证监会对险资恶意入股上市公司行为做出认定，"希望险资不要成为资本市场的妖精和害人精"。保监会也表态希望保险回归保障而不是成为野蛮人。

3. 2017 年

1 月：华润 318 亿元转让全部股份给深圳地铁，深圳地铁成为万科第二大股东。

2 月：保监会开罚单，前海人寿受到处罚。

3 月：恒大与深圳地铁签订《战略合作框架协议》，将恒大持有万科 14.07% 股权的表决权委托给深圳地铁 1 年。深圳地铁拥有万科 29.38% 的股权成为第一大股东。

6 月：恒大将持有 15.53 亿股万科股票打折转让给了深圳地铁。王石宣布退休，郁亮接手万科。

（二）万科控制权纷争的原因剖析

一是万科是一家股价被低估的优质上市公司。万科是一个非常优质的房地产公司，比大部分同行业企业的经营状况要好。在万科控制权之争开始前，其市值在 1500 亿元左右，而万科一年的盈利大约为 200 亿元。2011—2015 年，万科的每股收益分别为 0.88 元、1.14 元、1.37 元、1.43 元、1.64 元，可以发现万科的盈利逐年递增，财务表现很好（刘娇娆等，2017）。然而，万科股价长期以来被低估，2014 年万科的股价在 10 元以下波动，直到 2015 年 12 月才超过每股 20 元，资本市场上"门口的野蛮人"有利可图，"撞门"是可以理解的。

二是万科股份分散，创始人持股非常低。由于历史原因，万科的股权非常分散，以创始人王石为代表的管理层都是小股东，包括王石、郁亮等高管在内的管理层持股总数，只有 1% 左右。创始人王石自动放弃股权，选择作为职业经理人，依靠强势的管理层文化实际控制公司，这种小股份比例管理大资产的例子比较少，极为分散的股权结构确实给潜在的投资人可乘之机。

三是万科创始之初没有设置好股权和投票权。造成今天这一切后果的种子，早在万科成立之初就已埋下。万科创立之初是国有企业，在其后国企改制、股权变更以及上市的过程中，没有设置好股权和投票权，未能有效解决企业所有者缺位问题。在过往的上市公司股权争夺中，与资本方相比，公司管理层总是处于弱势。2000 年以来，万科引入了国资委直属央企华润集团，其一直是纯粹财务投资者身份，不插手万科经营事务，相安无事。但是非万科所认可的宝能系不是万科所信赖的大股东，导致管理层显得十分被动。

第三节　大量科技企业赴海外上市

为了积极应对股权分散情况下上市公司控制权可能旁落的问题，无论是证券交易所层面，还是上市公司层面，均积极采取行动，努力确保在充分发挥证券交易市场融资功能助力上市公司发展壮大的同时，保证公司控制权牢牢掌握在创始人股东的手中。在上市公司层面，以数字经济蓬勃发展所涌现的大量互联网企业为例，它们大多采用在更加宽松资本市场上市的方式来规避股权分散情况下可能造成的控制权旁落问题；在证券交易所层面，我国证券交易所做好制度创新是进一步发展的重要方向，是开展国际竞争、建立同我国经济规模相匹配的证券交易平台的关键基础。

一　数字经济蓬勃发展，互联网企业纷纷选择海外上市

随着我国互联网基础设施和条件不断成熟，根据第 44 次《中国互联网络发展状况统计报告》所披露的数据显示，截至 2019 年 6 月，我国网民规模达到 8.54 亿，互联网普及率达到 61.2%，手机网民规模达到 8.47 亿，网络购物用户规模达到 6.39 亿，网络视频用户规模达到 7.59 亿，在线教育用户规模达到 2.32 亿，在线政务服务用户规模达到 5.09 亿。这使得我国数字经济迎来了蓬勃发展的新机遇。根据国家网信办发布的《数字中国建设发展报告（2018 年）》所披露的数据显示，2018 年，

我国数字经济规模达到 31.3 万亿元，占 GDP 的比重高达 34.8%。以 5G、大数据、云计算、人工智能为代表的数字经济保持良好增长势头。

作为数字经济蓬勃发展的典型代表，我国涌现出了一大批的互联网公司，这就是为大家常常提及和称道的互联网"独角兽"公司，如阿里巴巴、腾讯、百度、京东、美团、网易、字节跳动、滴滴打车等互联网公司，这些互联网公司已经在全球范围内建立起较高的知名度。然而，在公司快速发展时期，均面临着募集资金的难题，这是作为互联网企业蓬勃发展的一个先决条件，即募集足够的资本投入。然而，在当时的我国资本市场条件下，通过上市方式为这些互联网企业前期发展募集资金可能较为困难。不仅如此，即使能够做好前期的部分融资，也可能由于股权的分散化，存在创始股东股权占比降低而失去控制权的风险。双层股权结构的重要性就体现在这种股权结构设计可以使公司在保持控制权的同时筹集到企业扩张所需的股权融资资金。①

如此一来，在国内上市受限、不允许股份有限公司"同股不同权"的情形下，我国大量"独角兽"公司选择"出走海外"，通过设立 VIE 架构，在海外注册，到国外资本市场上市以募集资金。根据香港证券交易所披露数据，截止到 2014 年 5 月 31 日，中国内地公司赴美国交易所上市的公司合计 102 家，其中 30 家采用双层股权结构，近三分之一。这些公司数量虽然不多，但合计市值却达到 1513 亿美元，占所有在美上市内地公司总市值的 70%。此外，设有双层股权结构的公司中 70% 来自资讯科技行业；尤其是 2016 年以来，我国赴美国上市的公司逐年增加，其中，2016 年为 12 家，2017 年、2018 年和 2019 年分别达到 27 家、30 家和 36 家。从在美国上市的中国公司股权安排来看，绝大多数所采取的股权结构安排是双层股权的模式。(见图 1–2)

上市公司是资本市场的基石，没有上市公司资本市场就不可能存在；没有优秀的上市公司，资本市场也不能称得上为强大的资本市场。优质上市资源不断流向海外，意味着国内投资者投资机会的丧失，以及我国资本市场竞争力的下降，这一点值得深思。

---

① Zinger, T., "Dual-class Share Structure, Founder Control and Enterprise Growth: New Insights and Directions for Research", *Entrepreneurial Practice Review*, Vol.1, No.1, 2009.

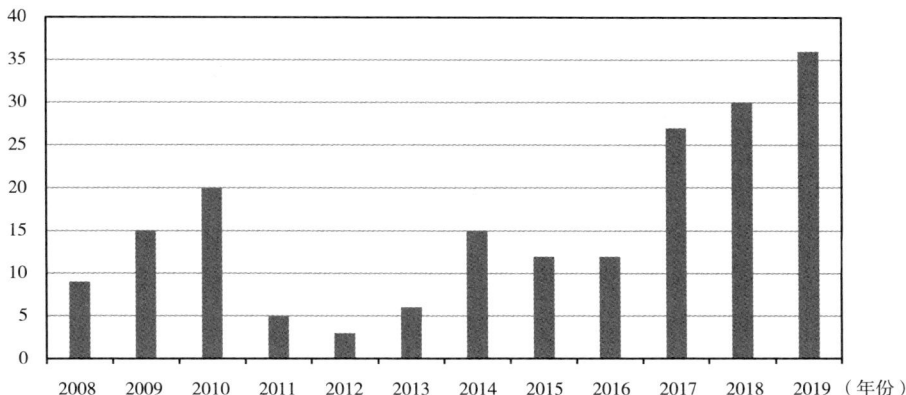

图1-2　2008年以来我国企业在美上市情况

资料来源：笔者根据Wind数据库材料整理所得。

二　我国证券交易所规模有待进一步提高

根据国家统计局（2020）初步核算的中国国内生产总值数据显示，2019年，我国GDP总量为99.0865万亿元，稳居世界第二位。然而，同我国经济增量世界第二位身份不相匹配的是，我国证券市场不甚发达，甚至是发展严重滞后。据世界证券交易所联合会（WFE）统计，2018年，我国沪深上市公司总市值超过43万亿元，其中，深圳证券交易所总市值16.54万亿元，上海证券交易所总市值26.95万亿元。然而，与之相比，无论是上海证券交易所，还是深圳证券交易所，在全球证券交易所交易市值的排名却不高。2018年，总市值相对较高的上海交易所股票市场总市值排名排在纽约证券交易所（20.7万亿美元）、纳斯达克证券交易所（9.8万亿美元）、日本交易所集团（5.3万亿美元）之后，市值规模仅有3.9万亿美元，列第4位，与排名第5位的香港联合交易所（3.8万亿美元）相近。中国经济的繁荣发展与包括证券市场在内的金融市场发展程度密不可分，金融经济的规模在一定程度上反映了一个国家的经济规模和经济竞争力。我国证券市场上市公司总市值在全球较差的排名，较好地阐释了我国证券市场、金融经济的发展严重滞后于我国经济的发展。因此，积极推进我国证券市场进一步发展、着力尽快提升我国证券市场上市公司市值规模，是提高我国证券市场国际竞争力的现实需要。

三　制度创新是提升证券市场竞争力的关键

当前，各国家和地区的证券交易所之间竞争比较激烈，即便是在一国之内，分布在不同地区的各证券交易所也同样存在着激烈的竞争。而证券交易所之间的竞争除了声誉之外，关于公司上市和管理的制度与规则的竞争尤为引人关注。比如，1985 年，纽约证券所放松坚持了近 60 年的对无表决权股票上市的限制，其中与同属美国的纳斯达克证券交易所之间的潜在竞争关系是其制度变革考量的重要因素。我国资本市场从产生到发展只有短短的 30 多年时间，制度优势和吸引力不强是我国证券交易所普遍存在的问题。特别是近年来，成长性良好但短期现金流表现不佳的一些新公司大量涌现，我国长期奉行的"一股一权"原则对这些公司的吸引力不断下降。基于对公司长远发展的考虑，这些优质上市资源越来越多地将眼光移到制度更加宽松的国外证券交易所。上市主体就如同证券交易所的养料一般，如果我国证券参与主体的数量不断减少、质量不断下降，那么证券交易所发展所依赖的养分就会不断被稀释，这对于我国证券市场的健康发展无疑是一个制约。包括双层股权结构制度在内的制度变革与供给，是真正可以扭转当前发展局面的一个有效举措，也是繁荣我国资本市场必要的制度变革。

第四节　智力资本的作用越发重要

在智力资本观点看来，作为实施双层股权结构的重要理论基础，相较于工业经济时代财务资本属于稀缺的资源，在知识经济时代，智力资本才是稀缺性资源，这就决定了在财务资本稀缺情况之下的"同股同权"原则在知识经济时代不一定适用，财务资本稀缺情况之下的"同股同权"原则需要让渡给知识经济时代的"双层股权"原则。

一　知识经济时代要求智力资本掌握控制权

在工业经济时代，财务资本是最稀缺的资源，无论是在企业的生产运营过程之中，还是在企业开展兼并重组过程之中，财务资本均扮演着最关键性的角色，可以说工业经济时代是典型的财务资本导向范式时代。在财务资本起到关键作用的时代，财务资本掌握了公司的控制权，能够以股东最大化的原则行事，并将财务最大化作为公司的目标，因此，"同股同权"原则是财务资本掌握控制权的条件下的基本原则。

然而，随着全球经济范式不断由工业经济时代向知识经济时代转变，财务资本渐趋过剩，尤其是相较于智力资本；在知识经济时代，智力资本在公司的生产运营以及兼并重组中的意义和价值越发明显。在这种情况之下，如果还实行工业经济时代的"同股同权"原则，则对智力资本的激励作用非常有限。如果充分认识到智力资本在知识经济时代的关键作用和重要价值，那么就需要引入同知识经济时代相适应的原则，即"双层股权"原则。"双层股权"原则深刻地反映了在知识经济时代智力资本的重要性，相较于财务资本，"双层股权"原则坚定地支持智力资本掌握公司的控制权，从而推动企业的生产运营以及兼并重组，能够充分反映智力资本的要求和设想。

具体到公司层面，在知识经济时代，相较于财务资本而言，企业创始股东的企业家精神和企业家才能是更为稀缺的资源；并且，在公司的价值创造活动中，企业家精神和企业家才能相较于财务资本更具有关键性的作用。在这种情况之下，在资本市场上，就应当承认和认可创始股东的企业家精神和才能，并且推动这种对于创始股东企业家精神和才能的认可反映到对公司的控制权上。如果资本市场不能够通过控制权市场的制度设施充分体现对于创始股东的尊重和保护，那么，在整个知识经济时代，整个社会的创造积极性可能会受到极大的打击，尤其是对于那些将创意和人力资本作为核心资源的企业。

二 正在进入知识经济时代的中国要求充分认可智力资本价值

　　同全球尤其是发达国家不断由工业经济时代向知识经济时代过渡的基本趋势相似，我国经济发展也不断由工业经济时代向知识经济时代过渡。当前，我国已经进入工业化后期阶段，并且将于 2020 年基本实现工业化。[①] 在此背景之下，中国的公司治理也需要从财务资本导向范式向智力资本导向范式演进。[②]

　　具体来讲，在我国改革开放初期，财务资本处于极度的匮乏状态，在这种背景之下，我国国民经济急需经济发展所需资金，而由于我国人口众多，经济发展对于财务资本的需求更甚于对人力资本的需求。因此，从经济社会发展对于人力资本与货币资本的需求关系中，货币资本显然处于更加稀缺的状态，货币资本甚至占据绝对优势。随着我国国民经济的发展，尤其是我国加入世界贸易组织之后，我国社会财富的积累不断提升，相比对于货币资本的需求，国民经济对于人力资本的需求越来越显著。尤其是在我国文化鼓励居民储蓄的背景之下，货币资本市场呈现出供过于求的状态，人力资本逐渐占上风，为了将货币资本投向那些更值得投资的项目，投资人可能会放下身段，甘愿为了优质企业和声誉好的管理者而放弃一些共益权。[③] 如此一来，对于企业的生产运营以及兼并重组等活动而言，相较于货币资本，人力资本的优势更加明显。具体反映到公司治理方面，就要求公司创始人或管理层获得更多的公司控制权，作为这种控制权的表现形式之一，就是承认公司的创始人或管理层具有超级投票权，从财务资本和人力资本之间的"博弈"过程来看，在当前的情况之下，这种超级投票权可以视作货币资本对于人力资本支付的溢价或补偿，从而鼓励人力资本持

---

　　① 黄群慧：《中国工业化进程与产业政策》，《中国经济报告》2019 年第 1 期。

　　② 金帆、张雪：《从财务资本导向到智力导向：公司治理范式的演进研究》，《中国工业经济》2018 年第 1 期。

　　③ 吴飞飞：《现代公司控制权分配中"知识多数决"现象探究》，《证券市场导报》2019 年第 8 期。

有者做好公司的生产运营活动。

除了从货币资本和人力资本在当前经济社会背景之下"博弈"的视角为公司创始人或管理层获得超级投票权提供理由之外，还有学者从专用性人力资本投资的视角来进行分析。这些学者认为，之所以授予或认可公司的创始人或者管理层持有超级投票权，就是因为无论是公司的创始人，还是公司的管理层，他们均对所创立的公司或所在的公司进行过专用性的人力资本投资。① 此外，无论是公司的创始人，还是公司的管理层，与一般性的中小股东通过优化自身的投资组合用脚投票的方式来降低或规避风险相比，他们往往对公司投入了大量心血，具有很深的感情，他们会选择与公司同呼吸、共命运。从这个角度来看，超级投票权可以视作对创始人和管理层专用性人力资本的补偿。公司所有权与控制权分离是大股东经营能力的限制而催生出的公司治理问题与新模式，而股权与投票权的分离是公司创始人和管理层的人力资本优势而带来的市场选择。

第五节 以"企业家"为中心的公司治理范式逐步形成

一 传统的以"股东"为中心的公司治理范式

公司治理问题起始于 1932 年 Berle 和 Means 出版的《现代公司和私有财产》一书，这也是将公司治理作为一个细分领域进行研究的开始。他们以 20 世纪 30 年代全球经济大萧条的背景出发，认为大萧条的出现在一定程度上受到所有权与控制权分离的影响。现代股份公司的财富越来越集中在少数人手中，这些经理人不恰当地管理和挥霍，而失去财务所有权的外部分散股东束手无策，最终造成整个股东群体的损失。Berle 和 Means 的最主要贡献是发现了宏观上威胁经济秩序的公司治理难题，那就是现代股份公司所有权与经营权的分离。后来，Jensen 和 Meckling 将委托代理框架纳入到分析股东与经理人冲突的分析之中，认为经理人作为代理人，会产生代理成本，损害处于信息弱势的外部

---

① ［美］托马斯·卡里尔：《智慧资本》，钟晓华译，中信出版集团 2016 年版。

股东，因此，学术研究的重点是如何约束经理人的公司治理机制设计，也就是第一类代理问题。[①] La Porta 等将公司治理的关注焦点从"如何解决所有权与经营权分离"转向"如何限制大股东侵害小股东"，也就是第二类代理问题。[②] 至此，以"股东"为中心的公司治理范式逐步形成，研究的重点就是如何减少代理问题，降低代理成本。

二 以"企业家"为中心的公司治理范式逐渐明朗

以 5G、大数据、云计算、工业互联网等为代表的互联网时代已经来到，第四次工业革命近在眼前。互联网使得世界越来越小，资本市场中的信息不对称问题有所缓解。然而，围绕业务模式创新的信息不对称程度不但没有减少，反而增加了。随着互联网时代对信息的发掘和理解的要求不断提高，如果外部分散股东缺乏专业的知识和分析能力，是无法通过简单的财务信息来判断一个公司的业务模式的。例如，时下依靠网络点击、直播带货等吸引广告商和消费者的抖音应用，通过传统的净现值法来判断价值变得越来越困难和不符合实际。不仅如此，创业团队的人力资本投资、以创新为导向的组织架构不仅需要保护，而且也具有独特性。企业家在公司成长中的重要性日趋凸显，公司治理范式正在从以"股东"为中心向以"企业家"为中心转变，这已是全球性的趋势。[③] 而这种趋势在公司股权设计层面就表现为由"同股同权"向"同股不同权"转变。公司治理研究的重点将是如何应对围绕业务模式的信息不对称问题以及如何预防野蛮人的入侵。

---

① Jensen, M. and Meckling, W., "Theory of the Firm: Managerial Behavior, Agency Costs and Ownership Structure", *Journal of Financial Economics*, Vol.3, 1976.

② La Porta, R., Lopez-De-Silanes, F. and Shleifer, A., "Corporate Ownership Around the World", *Journal of Finance*, Vol.54, 1999.

③ 郑志刚：《从"股东"中心到"企业家"中心：公司治理制度变革的全球趋势》，《金融评论》2019 年第 1 期。

第六节　简要结论

本章分为五个主体节对双层股权结构制度的研究缘起进行了全面的阐释，分别从"资本市场股权逐渐分散化""控制权争夺事件频繁上演""大量科技企业赴海外上市""智力资本的作用越发重要"以及"以'企业家'为中心的公司治理范式逐步形成"五个层面进行了深入的分析。

其中，在"资本市场股权逐渐分散化"节，随着我国股权分置改革的不断推进和逐步完成，我国资本市场逐步建立起同股同权的基本格局，为我国资本市场化奠定了基础。在此之后，随着我国保险等机构投资者不断进入资本市场，使得我国资本市场上市公司的股权逐渐呈现出不断分散化的趋势。从而导致原有上市公司股东不能完全控制上市公司局面的出现，这些均是我国上市公司出现的新情况和新问题。

在"控制权争夺事件频繁上演"节，笔者对获得上市公司控制权的模式或范式进行了详细的分析。在传统情况下，往往是第三方投资者首先通过"利空"手段打压目标公司的股价，之后再在目标上市公司较低股价的基础上，完成对于目标上市公司的收购，获得目标上市公司的控制权。显而易见，在上市公司股权相对不甚分散的状况下，通过"利空"手段获得目标公司的控制权是理性的思路。随着上市公司股权分散化程度的提升，第三方投资者不用借助于"利空"手段、只是通过二级市场举牌就可以直接获得对于目标公司的控制权。所以，近些年来，由于我国上市公司股权不断分散，由第三方投资者通过直接举牌的手段在证券交易所收购目标上市公司的事件频频出现。

在"大量科技企业赴海外上市"节，笔者对当前我国大量科技企业赴海外上市现象进行了详细的分析。随着我国数字经济蓬勃发展，我国涌现出了一系列的科技型公司，这些公司为了自身的进一步发展壮大，必然要进行必要的融资；但是，融资又导致股权的稀释，从而使得公司创始人股东的控制权存在旁落的风险，尤其是在当前国内的融资背景之下，科技型公司通过资本市场进行融资很容易造成控制权丧失情况的出现。为此，我国许多科技公司不得不选择在海外具有双层股权结构制度的资本市场进行融资，从而在募集资金的同时，不丧失对于公司的控制权。我国大量科技企业赴海外上市的情况也为我国资本市场进一步改革指明了方向，即通过制度创新进一步提升自身的竞争力。

在"智力资本的作用越发重要"节，笔者对实施双层股权内在的理论逻辑进行了阐释。在智力资本观点看来，随着经济社会发展不断由工业资本阶段进入智力资本阶段，相较于财务资本而言，智力资本的稀缺性不断显现。在这种情况之下，财务资本相对过剩，相对于智力资本的"议价能力"较弱，所以，需要让渡一定的控制权来实现同智力资本的合作。如此一来，在资本市场层面就为双层股权结构设计提供了理论合理性。而且，从我国正在逐渐进入知识经济时代的基本背景来看，在资本市场逐步引入双层股权制度设计也是充分认可智力资本价值的基本要求。

在"以'企业家'为中心的公司治理范式逐步形成"节，笔者对公司治理范式正在从以"股东"为中心向以"企业家"为中心转变的趋势进行阐述。传统的以"股东"为中心的公司治理范式，主要解决的是如何缓解代理问题，减低代理成本，包括以股东与经理人冲突为代表的第一类代理问题，以及以大股东侵害小股东为代表的第二类代理问题。而随着第四次工业革命的到来，以"企业家"为中心的公司治理范式，主要解决的将是如何应对围绕业务模式的信息不对称问题以及如何预防野蛮人的入侵。

第二章

双层股权结构制度的理论探索

商业实践不断以创新的名义对传统公司治理制度进行"改写"，双层股权结构制度的突破，同样是发源于商业实践中公司和股东的客观探索。讨论双层股权结构制度的基础是对于概念的理解以及对于基本理论逻辑的认知。因此，本章从基本概念入手，着力从理论的视角对双层股权结构制度的内涵与表现形式、双层股权结构推行的优势与劣势、双层股权结构制度的相关理论以及双层股权结构制度的发展历程等展开详细的阐释，从而为推进双层股权结构制度在认知上的深化、在实践中的推进以及在政策层面的引入打下坚实的基础。

第一节 双层股权结构制度的概念界定

为了深化对于双层股权结构制度的理解，本节从双层股权结构制度的基本内涵以及表现形式两个方面对于双层股权结构制度的概念界定进行深入的阐释。

一 双层股权结构制度的内涵界定

（一）股权结构制度的类型划分

从全世界范围来看，"一股一票""同股同权"仍是包括我国在内的绝大多数国家、证券交易所以及上市公司所采取的基本股权结构规则。但回顾企业双层股权结构股票发行的历史，我们不难发现，双层股权结构制度并不是近年来科创企业创新的公司治理结构安排和股权结构规则设计的首创。早在 200 多年前的美国就已经出现了双层股权结构的雏形，当时出现的渐减投票权可以在某种意义上称作双层股权。之所以提出渐减投票权，主要是为了防范大股东侵害中小股东。公司最早的股权结构至少有两种规则，第一种类型的规则为一股一票规则（one share one vote），在 18 世纪末和 19 世纪的大部分时间里，美国公司频繁采用的标准就是一股一票规则，这是日后世界上大多数国家和地区采用的基本规则。第二种类型的规则是限制大股东表决权的股权结构规则。从 19 世纪开始，很多公司开始思考如何防止单一股东控制公司，主要形成了三种类型的措施，一是渐减投票权 / 分级投票权规则（graduated voting），即股东投票权的增加低于其持股比例的增加；二是封顶投票权规则（capped voting），即对单一股东投票权总额进行封顶限制；三是一人一票规则（per capita voting），不管股东实际持有的股票数量，每一个股东拥有一个投票权。[1]

结合以上分析，笔者认为，根据股权附带的表决权[2]，可以将类别股分为三大类：一是优先股，没有表决权，只获得优先分享收益的权力。二是限制表决权股，对股东大会的部分决议事项无表决权，或者持有的限制表决权股达到一定数量时，其表决权数量将被限制在一定范围内。三是超级表决权股，即每股拥有数倍的表决权，可以对重大事项进行投票表决。

（二）双层股权结构的基本含义

双层股权结构（dual-class share structure），也被译为"双重股权结构""二元股权结构"，指的是同一个概念。从狭义而典型的角度看，仅指发行 A、B 两种类别股票。广义上，公司发行的普通股具有不同投票权是本书所要探讨的实质问题，主要与单一股权结构相对应，存在如 AB 股制度、同股不同权、差异化表决权、不同投票权架构、类别

---

[1] Hansmann, H. and Pargendler, M., "The Evolution of Shareholder Voting Rights: Separation of Ownership and Consumption", Yale Faculty Scholarship Series, 2014.

[2] 表决权指的是股东基于其股东地位所享有的，对修改公司章程、增加或者减少注册资本、公司合并、分理、解散或者变更公司形式、董事、坚实选举等重大事项做出决策的权力。

股、不平等投票权等类似表述。① 本书重点分析双层股权结构，相关分析也适用于限制性投票权、多层股权结构。

典型的股权架构安排是按照每股附着的表决权大小，把股票划分为 A、B 两类股票：A 类股票是普通股，表决权遵循"一股一权"原则；B 类股票拥有超级表决权，表决权是 A 类股票的数倍（详见表 2-1）。一般在双层股权结构安排中，对 B 类股票的超级表决权有两个限制：一是适用范围仅限于董事选举等有限事项，不适用于影响普通股东利益的重要事项，如股利分配、关联交易等。二是不可自由转让，只有转换为 A 类股票后方可进行自由转让。A 类和 B 类股票在红利分配请求权、剩余价值分配请求权等其他权利方面没有明显差异。这在学术界被称为"控制权与现金流权力的分离"，目的是对公司实行有效控制。上述分离的直接后果是形成权力与责任、收益与成本不再对称的"外部性"。双层股权结构也因此被学术界认为与金字塔结构一样，成为控制性股东盘剥外部分散股东权益、进行隧道挖掘的重要实现机制。

表 2-1　　　　　　　　　A 类和 B 类股票的异同点

		A 类股票	B 类股票
不同点	投票权	一股一个投票权	一股多个投票权
	是否上市交易	上市交易	基本不上市交易
	持有者	外部投资者	一般为内部管理层
相同点		收益权相同	

资料来源：笔者归纳整理。

（三）实施双层股权结构的影响

从制衡角度看，双层股权结构制度如硬币的两面，实际上带来了正反两面的结果。直观上看，双层股权制度加大了股东与经理之间的两权分离程度，从而导致委托—代理问题的进一步深化。不过，基于高投票权持有者类别不同以及双层股权结构带来的职位安全性也可以带来企业业绩的改善。

一方面，双层股权结构在一定程度上加剧了委托—代理问题。双

① 全书在双层股权结构的表述上不做具体区分。

层股权结构使得委托人（主要是普通股东）与代理人（主要指经理人）之间的两权分离程度加大，使得代理人有更大的动力和能力去谋取私人控制权利益，并伴随着经理人卸责问题加重以及信息披露程度的下降。具体来说，一是高投票权股东同时在经理层任职时，经理人有更大的动力和能力去谋取私人收益。[①] 例如，高投票权股东通过控制权为关联企业提供贷款担保，但是由此产生的风险是全体股东共同承担的。Gompers 等利用 1994 年至 2002 年美国上市公司数据，实证检验发现双层股权结构与经理人薪酬呈显著正相关关系，也就是说，实施了双层股权结构的企业经理人薪酬更高。二是双层股权结构可能会加剧经理人的卸责程度。[②] 目前，由于双层股权结构带来的经理人卸责行为，法律还无法有效抑制。McGuire 等从企业避税的角度出发，发现实施双层股权结构的企业会增加经理人的惰性，导致避税程度的降低，进而加剧经理人卸责。三是双层股权结构可能带来企业信息透明度的下降，主要表现在减少有效的信息披露以及对信息披露内容进行修饰甚至造假。[③] Li、Natallya 的实证研究证实了，实施双层股权结构的企业信息不对称性显著提高。[④]

另一方面，基于高投票权持有者类别不同以及双层股权结构带来的职位安全性也可以带来企业业绩的改善。双层股权结构制度设计中的高投票权持有者可以进一步分为两类，分别为不参与日常运作、在少数关键时刻参与重大决策的大股东，以及掌握高投票权的公司高管。第一类高投票权持有者带来高投票权股东与投票权股东之间的利益冲突，第二类高投票权持有者带来的是高投票权股东与经理人之间的委托—代理问题。其中，第二类高投票权持有者是比较常见的双层股权结构面对的问题。从一定程度上看，双层股权结构将高投票权股东与

---

① 王謩然、胡波：《双层股权结构研究进展》，《经济学动态》2018 年第 9 期。

② Gompers, P. A., Joy, I. and Andrew, M., "Extreme Governance: An Analysis of Dual-class Firms in the United States", *The Review of Financial Studies*, Vol.23, No.3, 2010.

③ McGuire, S. T., Dechun, W. and Ryan, J. W., "Dual Class Ownership and Tax Avoidance", *The Accounting Review*, Vol.89, No.4, 2014.

④ Li, T. and Nataliya, Z., "Information Environment and Earnings Management of Dual Class Firms Around the World", *Journal of Banking & Finance*, Vol.27, 2017.

代理人的关系更为紧密地联系在一起，有助于降低管理层的短视行为和隧道挖掘行为。[①] 同时，双层股权结构可以有效抑制高投票权股东的操纵动机，使得高投票权股东有能力且有意愿做出对提升企业长期业绩有益的投资决定。

二　双层股权结构制度的表现形式

以 Google、Facebook、阿里巴巴、京东、华为等为代表的众多科技巨头都设置了双层股权结构，只是在应用形式上存在差别。本书根据双层股权结构设计的特点，将双层股权结构归类为典型的双层股权结构、多层股权结构、变相的双层股权结构、公司章程额外规定、优先股五种类型。其中，双层股权结构一般将公司股票分为 A 类股和 B 类股；多层股权结构将公司股权分成多层次，即三层或三层以上，不同类别的股份所享有的表决权不同；变相的双层股权结构包括一致行动人协议、表决权委托以及有限合伙持股等；通过公司章程额外规定实现"同股不同权"；优先股指的是以牺牲投票权为代价，在股利分配或财产清算上优先；特殊管理股指国家持有的股份，具有特殊事项决定权，特别是对重大事项的一票否决权。（见表 2-2）

表 2-2　　　　　　　　双层股权结构制度的表现形式

表现形式	股权架构	举例
双层股权结构	AB 股结构，将公司股票分为 A 类股和 B 类股，其中 A 类股实行一股一投票权，就是在股市中普遍流通的普通股；B 类股则实行一股多投票权，一般由公司创始人或者管理层持有	京东集团
多层股权结构	将公司股权分成多层次，即三层或三层以上，不同类别的股份所享有的表决权不同	Zynga
变相的双层股权结构	包括一致行动人协议、表决权委托以及有限合伙持股等	阿里巴巴
公司章程额外规定	通过公司章程额外规定实现"同股不同权"	华为
优先股	以牺牲投票权为代价，在股利分配或财产清算上优先	家族企业
特殊管理股	国有企业私有化后，国家持有的股份，具有特殊事项决定权，相当于国有"特权股"	意大利的国有企业

资料来源：笔者根据公开资料整理所得。

① Christensen, C. M. and van Bever D. C. M., "The Capitalist's Dilemma", *Harvard Business Review*, Vol.92, No.6, 2014.

（一）双层股权结构

典型的双层股权结构即"AB 股结构"，是指公司的股权结构安排包含两类具有不同投票权架构的设置。其中 A 类股每一股拥有一个表决权，也就是目前在股票市场中流通的普通股；B 类股一般按照比例，每一股拥有多个表决权，由公司创始人或管理层持有。显而易见，双层股权结构的设计使得即使拥有相似股票数量的股东，也可能具有不同的投票权。比如，同时持有相同股票的甲乙两位投资者，如果甲持有的是 A 类股票，而乙持有的是 B 类股票，那么投资者乙拥有更多的投票权。显而易见，AB 两类股票投票权规则的设置使公司创始人或管理层在拥有少量股份的情况下，依然可以掌握公司的控制权。以我国科技巨头京东为例，该公司就设计了 AB 两类股票，实施了双层股权结构。公司创始人刘强东持有的京东 B 类股票，1 股拥有 20 票的投票权，其他股东持有 A 类股票，1 股拥有 1 个表决权。根据 2018 年末的数据，虽然刘强东只持有京东 16.68% 的股份，但是拥有的京东投票权却达到 80.02%，将控制权牢牢掌握在手中。显而易见，双层股权结构的设计在显著地保障了创始股东牢牢控制所创立公司控制权的同时，也较好地满足了自身募集资金的需求，较好地解决了随着公司规模的扩大、股权的分散为创始股东控制公司所造成的困难与负面影响。

（二）多层股权结构

将公司股权分成多层次，即三层或三层以上，并且规定不同层次的股份享有不同的表决权，从而形成多层股权结构。比如，将公司股权结构分成 ABC 三层，即分为 A 层类别的股票、B 层类别的股票和 C 层类别的股票。其中，A 层类别的股票没有投票权；B 层类别的股票拥有投票权，并且 1 股拥有 1 个投票权；C 层类别的股票拥有投票权，并且 1 股拥有 10 个投票权。如此一来，就形成了 ABC 三层的股权结构。如果公司设计更多层次的股权结构，基本的逻辑思路和三层股权结构相类似。以社交游戏公司 Zynga 为例，根据投票权的不同，该公司的股票可以分为三个不同的层次类型，其中，第一层是 CEO 马克·平卡斯

（Mark Pincus），他持有的超级投票权股票每股拥有 70 个投票权，共控制公司 36.2% 的投票权；第二层为 IPO 前的投资人，他们持有的超级投票权股票每股拥有 7 个投票权；而第三层普通股股东持有的股票每股仅拥有 1 个投票权。显而易见，在 Zynga 公司内部所存在的不同层次的股票类别中，同一层次的股票类别，同股所拥有的投票权相同，而不同层次的股票类别，同股所拥有的投票权差别很大。

（三）变相的双层股权结构

目前由于我国《公司法》"同股同权"规定下缺乏双层股权结构安排，许多科技创新企业采取了变相方式尽量达到双层股权结构的效果。实践中采用的方式包括一致行动人协议、表决权委托以及有限合伙持股等。

在一致行动人协议方式的变相双层股权结构设计中，创始人股东与其他股东签订一致行动人协议，从而使得创始股东拥有公司控制权，这是保持创始股东维持公司控制权的传统方式。不过，由于一致行动人协议可以随时解除，其内部也存在权力争夺风险，并且随着股权比例的不断稀释，一致行动方的数量本身也在增加，这进一步加剧了控制权的不稳定性。因此一致行动人协议往往仅适合被用于在一定期间内保持公司的控制权。

在有限合伙持股方式的变相双层股权结构设计中，创始人股东设立有限合伙公司并担任普通合伙人（General Partner，GP），公众投资人担任有限合伙人（Limited Partner，LP），实际控制人以 GP 身份行使有限合伙的表决权以实现对公司的控制。在该模式下，公司有两种后续融资路径，一是通过销售有限合伙的份额进行融资，相当于发行无表决权的股票；二是公司向实际控制人发行股票，相当于发行特别表决权股。这样，实际控制人可以在控制公司表决权的情况下，进行股权融资。由于这一模式下合伙人有 50 人的人数限制，LP 既无表决权也无其他法定股东权利，较难得到投资者的认可；且该模式以少量 GP 资金撬动大量 LP 资金，存在杠杆配置之嫌。

在表决权委托方式变相双层股权结构设计中，如股东之间达成合意，可通过表决权委托的方式实现"同股不同权"的安排。创始人股东用表决权委托方式维持公司控制权，即在股票发行协议中规定，将发行对象认购股票的表决权委托给公司实际控制人或其控制的机构，由后者代为行使表决权。例如，股东甲所持股票占比30%，股东乙所持股票占比20%，股东丙所持股票占比17%；同时，乙、丙与甲达成一致并签署书面协议，约定由甲代为行使乙、丙所持公司股票的表决权。此时，甲实际享有的表决权为67%，意味着甲对该公司具有绝对的控制权。实践中，不少上市公司控股股东对公司的控制权就是通过表决权委托得以实现的。显而易见，这是一种类似一致行动人协议的机制设施，当实际控制人股权不断被稀释时，其需要不断寻找表决权委托人，这将增加其维护公司控制权的成本，不宜长期采用；并且，这种代为行使表决权的委托协议也具有时间限制性，在实际控制人所持有的股权不断稀释的情况之下，越来越无法维持行使表决权的委托协议。（见表2-3）

表2-3　　　　　　　　　　变相的双层股权结构对比

	双层股权结构	一致行动人协议	有限合伙持股	表决权委托
实现方式	建立同股不同权架构，控股股东持有具有特殊表决权安排的股份，从而实现对公司的控制权	通过协议与其他股东达成一致行动约定，各方仍保持一定的独立性，但各方在做出重大决定时需事先与其他协议方充分协商并保持一致意见	控股股东能作为GP拥有并行使表决权，构成对公司的实际控制；其他股东以LP身份简介持有公司的股份但不拥有表决权	受托人接受委托人的表决权委托，双方可根据实际情况灵活协商委托授权的范围
稳定性	以公司章程约束，与其他方式相比更稳定	通过一致行动协议约束，但协议可终止或解除，存在不确定性	若有限合伙企业以无限期的方式订立，则结构相对稳定	通过表决权委托协议约束，不可撤销的协议相对稳定，但协议可终止或解除，存在不确定性
资本市场接受程度	全球前20大证券交易所六成允许采取双层股权结构上市	现实案例比较多	一级市场有相关案例	截至2019年11月21日，全国股转系统管网上有34份与表决权委托相关的公告

资料来源：笔者归纳整理。

（四）公司章程额外规定

有限责任公司通过公司章程额外规定实现"同股不同权"，也就是说公司创始人股东或高层管理者在公司章程中直接规定公司的不同股票具有不同的表决权，有些股票具有高于其他类型股票的表决权，从而使得拥有特殊股票的公司创始人股东或高层管理者在所拥有的公司股票不断被稀释的情况之下，还能按照公司章程牢牢地控制着公司的表决权，从而控制着公司的决策以及发展方向。在利用公司章程额外规定实现"同股不同权"方面，我国的高科技企业华为公司是典型的代表。华为公司通过公司章程的形式，直接规定公司总裁拥有最终的表决权，从而保障了作为公司创始人的任正非在公司重大决策方面拥有最重要的决策权力。显而易见，如果按照"同股同权"的原则，任正非所有的股权已经不能保障其在华为公司的决策中把握控制权，更不用谈及否决权了；不过，由于华为公司不是上市公司，所以，能够在公司章程中直接明确公司创始人股东所拥有的权益和义务，从而保障了在创始人股东所持有的股权在不断被稀释的情况之下对于公司所拥有的控制权。显而易见，在公司章程中进行额外规定权力和义务，尤其是创始人股东的权力和义务在事实上是一种双层股权结构制度安排。

（五）金股

"金股"制度起源于20世纪80年代的英国，当时撒切尔夫人推动英国推进私有化改革，国有企业数量大量减少，民营企业蓬勃发展，这一改革导致国家对控制经济命脉产业的影响力和控制力不断弱化，出现了许多危害国家利益的行为与现象。为应对新的挑战，英国电信业率先提出并开始实行"金股"制度。在实践中，通常是指持有1股或1%的股份，持有金股的股东不享有股息分红的权力，但对特殊事项拥有一票否决权。这些事项一般涉及国家安全和重大利益，比如任命董事、收购兼并、股权结构变化、公司破产等。国有企业私有化后，国家持有的股份具有特殊事项决定权，就是所谓的"金股"。金股制度使得国家只是象征性地持有一些股份，牺牲分红等权益而换取对特定事项的决定权，保持国家对于国家安全等重大事项的影响力和控制力，同时又不对公司的日常经营管理过多干预。金股制度在不同的国家有限期是不同的，有些国家金股制度具有一定的有效期，有些国家的金股制度则没有有效期。在具有有效期金股制度的国家中，法国比较典型，有 5 年的有限期限；在不具有有效期金股制度的国家中，英国比较典型，没有期限。21 世纪初，欧盟委员会曾经因金股制度妨碍资本流通为由起诉欧洲六国，后来，比例性原则、法律确定性原则等作为金股的补充制度得到确立，金股制度也得到不断的完善。

第二节　双层股权结构制度的优势与劣势

双层股权结构制度由于存在固有的优势与劣势，自其产生之日起就一直存在争议，该制度在美国、中国香港等国家或地区的实践中存在几起几落的现象，这也证明了其既有制度优势，也存在固有缺陷。本节将详细分析双层股权结构制度的优势以及劣势。

一　双层股权结构制度的优势

双层股权制度之所以能够在近年来得到推崇与其固有的制度优势密切相关，主要包括有助于企业创始人或管理层抵御恶意并购、鼓励管理层投入高度匹配的人力资本、使管理层做出符合效率原则的决策等。

（一）有助于企业创始人或管理层抵御恶意并购

按抵制意图划分，收购可以分为善意收购与恶意收购两种类型。其中，善意收购的收购者事先与目标公司管理者进行协商，征得同意后，才会发出公开收购条约，最终完成收购。这种类型的收购不仅可以增加目标公司股东的财产性收入，还能够为公司发展找到更好的掌舵人，引领公司长远发展。而恶意收购是遭到目标公司反对或事先未与目标公司协商，仍然强行进行收购。这种类型的收购直接导致管理层更迭，在短期内拉高公司股价，但不利于公司长期发展，更不利于公司发展文化的延续。此外，企业创始人对所创立的企业像培养"儿女"一样花费心血，拥有强烈的心理所有权。[1] 企业在发展的过程中，特别是在

---

① Begley, T. M., "Using Founder Status, Age of Firm, and Company Growth Rate as the Basis for Distinguishing Entrepreneurs from Managers of Smaller Businesses", *Journal of Business Venturing*, Vol.10, No.3, 1995.

创业初期，需要不断地融资来充实发展所需的大量资本金。在这个过程中，创始团队的股权难免被不断稀释，同样存在最终丧失控制权的风险。

双层股权结构通过将股权和投票权分离，可以使创始团队不用担心控制权旁落他人，把更多精力放在公司经营和发展上。[1][2] 管理层无须为维护市值而采取急功近利的行为，为管理层进行长期目标管理提供了安全的股权环境。这其中最著名的例子就是乔布斯。1980年12月，苹果上市后，第一大股东乔布斯持股比例被稀释，仅持有约15%的股份，第二大股东马库拉约持股11.4%，第三大股东沃兹持股约占比6.5%。三人股份加起来合计超过30%，上市公司的股权比较分散。虽然一开始由于乔布斯出色的才能和强大的控制欲，一直保持着对苹果公司的控制权，但是，后来由于业绩不理想，1985年，乔布斯被董事会罢免了总经理职务，几乎等同于被逐出了苹果。如果采取双层股权结构，授予乔布斯、马库拉、沃兹三大创始合作伙伴拥有超级表决权的B类股，可能也就没有乔布斯被扫地出门的事件，苹果公司的历史可能就此改写。再如，2013年引入私募基金后，大娘水饺创始人吴国强丧失企业控制权，不仅企业销售额连续下滑，就连参加年会都被拒之门外；创始人张兰辛苦打拼发展的餐饮企业俏江南，在引入私募基金进行融资后，不仅丧失控制权，还被董事会踢出局，企业业绩大幅下降。双层股权结构可以抵御恶意收购行为，避免企业决策权更迭威胁以及由此引起的公司决策屈服于中小投资者对短期利益的偏好，更多关注公司长远利益，使公司创始人的长远规划和企业家精神惠及包括中小股东在内的公司全体股东，最终将有利于整个社会的创新和效率的提升。

① Jarrell, G.A. and Poulsen, A. B., "Dual-class Recapitalizations as Antitakeover Mechanisms: The Recent Evidence", *Journal of Financial Economics*, Vol.20, 1988.

② Lehn, K., Netter, J. and Poulsen, A., "Consolidating Corporate Control: Dual-class Recapitalizations Versus Leveraged Buyouts", *Journal of Financial Economics*, Vol.27, No.2, 1990.

（二）鼓励管理层投入高度匹配的专用性人力资本

专用性人力资本投资容易受到外部环境和心理预期的影响。如果管理者预期与企业的雇佣关系不稳定，那么其专用性人力资本投资的意愿不足，影响企业家才能作用的发挥。[①] 如果管理层预期将长期受雇于所在公司，其对投入专用性人力资本获得长期报酬的激励就会提高。管理层为提高公司价值做的努力，最终受益的将是公司全体股东。通过双层股权结构，管理层掌握控制权，预期与公司之间的雇佣关系是长期稳定的，这将激励管理层投入时间和资源获取与经营相匹配的经营知识与经验。以采取双层股权结构的 Facebook 为例，2014 年，Facebook 斥资 190 亿美元收购了仅有 50 多名员工的 WhatsApp 智能通信应用程序。当时这场收购速度快、估值高且不被大多数市场人士看好，但是扎克伯格表示，收购 WhatsApp 看中的并不是短期利益，而是看中智能手机的未来发展。然而收购三年后，Facebook 股票收益率超过 Google 股票收益率以及纳斯达克指数。事实证明，双层股权结构的安排使得 Facebook 管理层积极投入专用性人力资本，做出了有利于企业长期发展的决策。

（三）使管理层按照符合长期效率原则地做出决策

公司作为商事主体的重要类型，其盈利性属性毋庸置疑。公司盈利性属性的实现程度与公司效率关系密切。可以进一步将公司效率分为决策效率、执行效率以及交易效率，其中，决策效率和执行效率与公司治理水平密切相关。与单层股权结构相比，双层股权结构由于将控制权集中到公司创始人或管理层手中，使得创始人或管理层在保持较小现金流的同时把握公司的决策权。正是由于控制权的集中，公司运营中信息传递的成本降低、集体行动的弊端得到缓解，进而对提升公司决策效率起到重要的助推作用。从执行角度来看，双层股权结构

---

① DeAngelo, H. and DeAngelo, L., "Managerial Ownership of Voting Rights: A Study of Public Corporations with Dual Classes of Common Stock", *Journal of Financial Economics*, Vol.14, No.1, 1985.

的创始人、董事会、经理层成员的重合度比较高，因而有利于提高决策的执行效率。此外，双层股权结构可以保证公司创始人或股东对于决策的可控性，从而保证商业合同的优先执行，提升交易效率。通常来讲，长期投资项目往往具有比较大的风险和不确定性，管理者迫于盈利压力，倾向于采取看起来"好"、长期并未见得好的投资计划，或者为避免丧失控制权而做出有损于公司长远发展的决策，而选择短视化投资。[①] 相较于单层股权结构，双层股权结构管理者的盈利目的更为深刻，不仅注重短期盈利，更注重公司长期盈利，着眼于选择有利于企业长期发展的投资项目。[②] 采用双层股权结构的管理层可以专注于企业的长远发展，避免追求短期收益而选择一些不利于长期发展的决策，对于公司商业模式的延续、企业文化的保持以及长远发展布局具有十分重要的作用。

二　双层股权结构制度的劣势

双层股权结构制度固然有其存在的正当性基础，但是，双层股权结构制度剥夺或稀释普通股股东投票权的特点使得许多人对其持怀疑态度。

（一）不同程度剥削了普通股股东的权力

股东平等原则是《公司法》防范利益冲突的基本原则，在传统的公司治理结构中，所有股东的地位是平等的，持有股份的性质是一样的，同样数额股票的权益也是没有差别的。即便在公司的实际运营当中，股东的权利行使可能存在状态上的差别，但是这种差别可以通过股东自愿增持减持以及股票自由流动而随之调整。而双层股权结构使得超级表决权股东持有的投票权数量远远高于普通股股东所持有的投票权数量，导致超级投票权股东与普通股股东之间地位的严重失衡，从而影响普通股

---

① Stein, J. C., "Takeover Threats and Managerial Myopia", *Journal of Political Economy*, Vol.96, No.1, 1988.

② Chemmanur, T. J. and Jiao, Y., "Dual Class IPOs: A Theoretical Analysis", *Journal of Banking & Finance*, Vol.36, No.1, 2012.

股东对企业有效监督作用的发挥。具体地，普通股股东的投票权远远低于创始人或管理层，从而无法通过投票有效监督其决策。不仅如此，超级表决权股东与普通股股东之间的地位失衡还影响到股东会和董事会作用的发挥。创始人或管理层掌握公司控制权，股东会的决策基本上体现的是创始人或管理层的意志，其他股东只能被动接受或者抛售股票，以影响股东会决策机制。[①]同样地，董事、经理层的任命基本由创始人或管理层决定，股东会只不过是走形式而已。双层股权结构下，公司的创始人往往同时兼任公司的董事长或总经理，更是加剧了超级投票权股东与普通股股东之间的地位差距，公司治理面临个人独断问题的挑战。双层股权结构违反股权平等原则，使高投票权管理层成为一个特权阶层，普通投资者在情感上很难接受。双层股权结构形成了实质上的投票权垄断，可能使得处于投票权垄断地位的内部股东权利增大，提高经理人的控制权私利，[②]如更高的薪酬，增加做出牺牲外部股东利益战略决策的风险。

（二）使基于并购的外部公司治理监督机制失灵

资本市场存在着惩罚机制，并购是最重要的外部治理机制之一。[③][④]新制度经济学的代表人德穆塞茨提出团队生产理论，认为股份公司成功的关键就是赋予了股东投票权，可以解决监督成本的问题。[⑤]威廉姆森将公司视为一系列契约的联结，认为公司的各利益相关方可以通过

[①] Doidge, C., "US Cross-listings and the Private Benefits of Control: Evidence from Dual-class Firms", *Journal of Financial Economics*, Vol.72, No.3, 2004.

[②] Amoako-Adu, B., Baulkaran, V. and Smith B. F., "Executive Compensation in Firms with Concentrated Control: The Impact of Dual Class Structure and Family Management", *Journal of Corporate Finance*, Vol.17, No.5, 2011.

[③] Fama, E. F. and Jensen M. C., "Seperation of Ownership and Control", *Journal of Law and Economics*, Vol.26, No.2, 1983.

[④] Jensen, M. C., "Agency Costs of Free Cash Flow, Corporate Finance, and Takeovers", *The American Economic Review*, Vol.76, No.2, 1986.

[⑤] ［美］哈罗德·德穆塞茨：《所有权、控制与企业：论经济活动的组织》，段毅才等译，经济科学出版社 1999 年版。

详细的条款来杜绝机会主义行为。[1] 以投票权为核心的公司治理机制正是让股东有监督公司运营管理的权力，在遭遇危机时可以替换经营者，才可以有理由从投资人那里取得相应的投资。一般来说，当公司业绩表现不佳时，股价走低致使公司很有可能成为被收购对象，这对管理层形成一定的约束作用。而双层股权结构使得超级表决权股东出现，由于收购的下一步往往是对管理层的更换，因而持有超级表决权的股东不会同意这种基于收购的外部监督机制，以往的市场化调节手段进而失效。不仅如此，管理层的"道德风险"将会进一步提高代理成本。比如管理层会利用自己的信息优势，做出不利于企业发展的决策，向关联企业输送利益等，从而造成企业价值的降低。从一定程度上说，双层股权结构使非控股股东的监督形同虚设，把监督责任留给了政府、法院和社会，这实际上将影响范围扩大到企业之外。

（三）过于依赖某个人或某个家族

双层股权结构使控制权集中到某个人或某些人手中，一旦这些股东决策失误或者由于其他原因导致经营失败，这种损失将是非常惨重的。刘强东是京东的创始人和 CEO，他的身份与京东的商业活动和公司股价具有无法切割的利害关系。2018 年，刘强东在美遭遇涉嫌性侵指控，仅事件曝光后的第一个交易日，京东股价开盘就大跌超过 7 个百分点，收盘下跌 5.97%，京东当日的市值直接蒸发 27 亿美元。此外，双层股权结构制度使围绕在创始人周围的个人崇拜文化的副作用更加明显。[2] 一旦创始人离开，根本无人接手公司。不仅如此，这种控制权让创始人信心过度倍增，倾向于冒更大风险，也更加自恋。直白地说，在别人赞誉他们有多伟大中，这些人很可能会迷失方向，做出风险过大或不理性的决策。

---

① ［美］奥利弗·E.威廉姆森：《资本主义经济制度：论企业签约与市场签约》，段毅才、王伟译，商务印书馆 2002 年版。

② Hong, H. A., "Does Mandatory Adoption of International Financial Reporting Standards Decrease the Voting Premium for Dual-class Shares?", *The Accounting Review*, Vol.88, No.4, 2013.

第三节 双层股权结构制度的理论阐释

如前所述，尽管当前大多数国家采取的是"同股同权"的股权制度，但是，无论是在政策层面，还是在企业的实践层面，依然存在多种形式的双层股权结构制度。存在的即是合理的，那么双层股权结构在有些国家和地区得到认可，并且在部分企业中推行，背后的逻辑和基本理论解释是什么呢？为此，本节从基本理论入手，着力探讨双层股权结构制度的理论阐释。在此基础上，对国内外学术界关于双层股权结构的实证结果进行回顾讨论。

一 委托—代理理论

股权结构安排是公司治理研究的核心内容。公司治理试图解决不同股权结构下产生的治理问题。新古典经济学将企业看作是一个"黑箱"。1937 年，Coase 打开了企业的"黑箱"，开创了对企业股权安排问题的研究。由于股东利益与管理层利益不一致带来了代理成本，对公司治理的研究问题聚焦两类代理问题：解决股东与管理层之间的利益冲突，即第一类代理问题；[1] 解决大股东与中小股东之间的利益冲突，即第二类代理问题。[2]

双层股权结构与金字塔结构、交叉持股类似，都是一种控制权提升机制，可以保障股东的控制权，使内部人"以小博大"，即以较少的现金成本而获得更多的控制权。伊思特布鲁克、费希尔认为，投票权与投票者的剩余索取权息息相关，相同的剩余索取权应该具有相同的投票权，否则，将会带来不必要的代理成本。[3] 也就是说，投票权与剩余

---

① Jensen, M. and Meckling, W., "Theory of the Firm: Managerial Behavior, Agency Costs and Ownership Structure", *Journal of Financial Economics*, Vol.3, 1976.

② Shleifer, A. and Vishny, R. W., "A Survey of Corporate Governance", *The Journal of Finance*, Vol.52, No.2, 1997.

③ ［美］弗兰克·伊思特布鲁克、丹尼尔·费希尔：《公司法的经济结构》，张建伟、罗培新译，北京大学出版社 2005 年版。

索取权不成比例，则使持有者无法按照付出获得与投票权相对应的利益，也不用因此而承担可能的损失。La Porta 等使用 27 个富裕经济体中 20 个大型公司的所有权结构数据来确定这些公司的最终控股股东。[①]研究发现，除了股东保护非常好的经济体，27% 的公司通常由家族或国家控制，控股股东主要是通过使用金字塔结构参与管理，对公司的权力大大超过了他们的现金流量权。Claessens 等研究了 9 个东亚国家的 2980家公司的所有权和控制权分离情况，发现这些国家的企业通过金字塔结构和交叉持股，投票权经常超过现金流权。[②]所有权和控制权的分离在家族企业和小型企业中最为明显，超过三分之二的公司由单一股东控制，少数人持股公司的经理往往是控股股东家族的亲属。历史比较久远的公司一般都是家族控制的，这打破了所有权随时间分散的观念。Faccio、Lang 对西欧 13 个国家的 5232 家公司进行研究发现，终极控制人主要通过金字塔结构对上市公司实施控制。[③]有研究发现，以双层股权结构为代表的控制权提升机制会加剧股权与控制权的分离程度，削弱传统的内部治理机制监督效果，也会对收购威胁等外部监管机制产生不利影响。因此，持委托代—理理论的学者认为，双层股权结构实际上将会同时带来第一类代理问题和第二类代理问题，限制股东权利，弱化传统治理和监督功能，损害中小股东权益，不利于企业价值的提升。[④⑤]

二 股东异质化理论

面对双层股权结构日益增多的现实，学术层面也开始了对这一股

① La Porta, R., Lopez-De-Silanes, F. and Shleifer, A., "Corporate Ownership Around the World", *Journal of Finance*, Vol.54, 1999.

② Claessens, S. and Djankov, S. and Lang, L. H. P., "The Separation of Ownership and Control in East Asian Corporations", *Journal of Financial Economics*, Vol.58, No.1, 2000.

③ Faccio, M., and Lang, L. H. P., "The Ultimate Ownership of Western European Corporations", *Journal of Financial Economics*, Vol.65, No.3, 2002.

④ Anderson, R. C., Duru, A., and Reeb, D. M., "Founders, Heirs, and Corporate Opacity in the United States", *Journal of Financial Economics*, Vol.92, No.2, 2009.

⑤ Niu, F., "Dual-class Equity Structure, Non-audit Fees and the Information Content of Earnings", *Corporate Governance: An International Review*, Vol.16, No.2, 2008.

权结构设计进行理论层面的探索，着力探讨双层股权结构背后的理论逻辑。通过对普遍的"同股同权"规则进行深入研究后，有些学者揭示出了"同股同权"规则背后隐含的重大理论前提——股东同质性假定（Shareholder Homogeneity），即实施"同股同权"的公司股东被假定为是同质无差异的个体。在此前提之下，单纯根据拥有股票的多少对股东投票权进行分配，这才是完整的"同股同权"规则所包含的两个基本要素。对照着实践中运营的公司，我们就会发现，将公司的股东看作是同质无差异的个体，不仅在理论上是不可靠的，而且在现实企业实践之中也是不符合实际的。一般来讲，根据股东之间投入企业资金的多少，可以将股东群体分为大股东和小股东，大股东和小股东之间具有异质性的特征。大股东可能还可以进一步分为具有控制权的股东和不具有控制权的股东。由于股东压迫，中小股东的利益就会遭受到控股股东的侵害。即使对公司的长远发展抱有相同的理念，但在具体的公司运营细节上，不同的股东往往就会有不同的举措。股东在参与公司治理的能力上，不同的股东由于自身知识结构、社会经验等的不同也会存在很大差异。如机构投资者作为股东，其出发点往往是获得投资收益，而对公司未来发展并没有那么看重。显而易见，上述一系列不同股东之间的所有差异，再加上尚未列举出来的股东间的其他各种差异，在"一股一票"的理论框架下是无法予以解释与容纳的，这些不同股东之间的异质性同"同股同权"和"一股一票"制度的基本前提假设并不相符合。

基于此，经济学家们正在逐渐认识到股东异质性（Shareholder Heterogeneity）的存在，并将关注重点逐渐转移到异质性股东的研究方面。[1][2][3] 股东之间会因各自的目的不同、能力不同、对公司的利益关注重点不同，而自发地形成不同的股东团体。由于存在这种股东的分层，

① Kang, D. L. and Aage, B. S., "Ownership Organization and Firm Performance", *Annual Review of Sociology*, Vol.25, No.1, 1999.

② Anabtawi, I., "Some Skepticism about Increasing Shareholder Power", *UCLA Law Review*, Vol.53, No.6, 2005.

③ Wang, H. and Liu, X. C., "The Impact of Investor Heterogeneity in Beliefs on Share Repurchase", *International Journal of Econometrics and Financial Management*, Vol.2, No.3, 2014.

应当允许不同于传统的"一股一票"的股权结构设计。为适应股东自身之间存在异质性的基本情况，股权分层结构无论是在企业实践中，还是在政府政策制定过程中，均不断涌现。尽管从"同股同权"或"一股一票"的原则进行衡量，双层股权结构制度显而易见是不平等的股权制度设计；但是，如果加入股东本身具有较大异质性的现实情况，那么，双层股权结构制度的合法性就变得不那么难以理解。正是由于股东之间具有异质性，仅仅从投资金额的视角对股东之间的权力和义务进行划分或分类，无论是在理论层面，还是在实践层面都是有缺陷的。除了基于股东对于企业投资额的视角对股东的权力和义务进行限定之外，还应当依据其他的一些因素对股东的权力和义务进行限定，比如，是不是创始股东、是不是高层管理人员等。显而易见，一般股东可能对于所投资的公司并不了解，更可能仅仅是财务投资者，而创始股东除了追求财务回报之外，还追求通过公司的成功运营实现创始股东的个人理想和社会责任等更远大的抱负。由于公司创始股东更加了解公司的战略定位、发展历程和未来的发展方向，授予公司创始股东更多的投票权，对于公司的长远发展而言将更为有利。因此，从股东异质性的视角来看，"同股不同权"不仅不是对公平性的违背，而是恰恰体现了公平性的原则，更符合《民商法》的原则。基于股东异质性的客观存在，投票权设计的理论与实践正在不断深刻变化。

三　企业家间接定价理论

从理论视角来看，劳动力、土地、资本、企业家才能是经济学范畴的四大生产要素。熊彼特在研究企业创新时，对企业家精神于经济繁荣的重要性曾有过论述，认为企业家才能是与金融资本一样的生产要素，应该同样可以获得企业的控制权和剩余索取权。随着社会的发展从农业经济和工业经济过渡到知识经济，对物质资源的依赖将会越来越转化为对知识的依赖，以往对财务资本提供者为中心的控制权决策逻辑将会让位于以企业家才能为中心的决策逻辑。因此，需要将企业家才能与劳动力、土地、资本放在平等的地位，重新构建管理学理论，对创始股东获得控制权提供理论依据。

从政策和实践视角来看，2019 年 11 月 1 日，中共第十九届四中全会明确提出"健全劳动、资本、土地、知识、技术、管理和数据等生产要素按贡献参与分配的机制"，这是我国社会主义基本经济制度的重要内容。显而易见，无论是从理论视角的分析，还是从政策和实践视角的明确，管理或企业家才能都是重要的生产要素。不过，需要特别指出的是，由于企业家才能或管理作为生产要素本身具有看不见、摸不着的属性，所以相比较于其他的生产要素，企业家才能或管理本身比较难以度量，更难以进行定价。

如此一来，具体聚焦于双层股权结构设计的层面来看，由于企业家才能或管理因素本身是难以度量的，并且是不能直接进行定价的，那么，公司提出和推进双层股权结构设计本身可能就是对企业家管理知识的定价。如果企业家通过组织企业，其自身不能对管理知识进行直接交易和直接定价，那么，就必须通过其他的方式对企业家的管理知识和才能进行补偿。如此一来，双层股权结构的推行就是企业家所获得的对于企业的剩余索取权事实上的间接定价。这正是杨小凯和黄有光教授发展的企业家间接定价理论[1]对于双层股权结构价格差异所给出的重要解释。如此一来，企业家或企业创始股东超过所持有的股票份额而获得的超额剩余索取权就类似于鼓励创新的专利制度，鼓励企业家或创始股东积极提供个人的管理知识和才能，更好地助力企业的发展。

四　企业生命周期理论

Haire[2] 最早提出企业生命周期理论，认为企业的发展与生物成长曲线形态相近，会经历初创、成长、成熟到衰退的生命周期循环过程，

---

[1]　杨小凯、黄有光：《专业化与经济组织：一种新兴古典微观经济学框架》，经济科学出版社 1999 年版。

[2]　Haire, M., *Biological Models and Empirical Histories of the Growth of Organizations: Modern Organization Theory*, New York, NY: John Wiley and Sons, 1959.

相应的管理方法和水平也应有变化。Adizes 对企业生命周期理论进行系统阐述和完善,将企业的生命周期划分为"十个时期、三个阶段"。[①] "十个时期"分别为孕育期、婴儿期、学步期、青春期、盛年前期、盛年后期、贵族期、官僚初期、官僚期以及死亡期。其中,前三个时期为创业阶段,灵活性强而可控性较低;中间三个时期为成长与成熟阶段,灵活性与可控性适中;后四个时期为衰退阶段,灵活性低而可控性强。Bebchuk、Kastiel 将企业生命周期理论用于解释双层股权结构,认为随着时间推移,企业实施双层股权结构的效率优势减少,而效率成本却在不断增加。[②] 实际上,根据企业不同的发展阶段,企业的股权结构是需要做相应的调整的。处于创业阶段的企业,由于发展方向并不明确,需要有能力、有想法、有动力的企业家去领导企业发展,此时的股权结构应该保证其控制权的稳定性,从而激发他们对企业的专用性人力资本投入,激励他们为了企业的长远发展做决策,避免短视行为可能造成的失败。对于成长与成熟阶段的企业来说,企业的发展方向相对清晰,经营业务比较稳定,组织结构的优化和管理制度化更为重要,处于此阶段的股权结构更适合于采用单一股权结构,应该避免控制权长期稳定在管理层手中,以防止内部人控制带来的利己行为和掏空行为。对于进入衰退阶段的企业来说,市场已经饱和,企业面临变革或衰落的选择。如果选择变革,那么企业将需要革新的领导,双层股权结构为变革型领导提供决策保障,如果选择衰落,那么企业将最终破产清算。

五 关于双层股权结构实施效果的实证研究

从理论分析的视角来看,国内外关于双层股权结构的理论研究结论并不一致,不同的学者看法不尽相同,有些学者赞同推进双层股权结构制度,有些学者则反对推进双层股权结构制度。从实证研究的视

---

① Adizes, I., *Corporate Lifecycles: How and Why Corporations Grow and Die and What To Do About It, Englewood Cliffs*, NJ: Prentice-Hall, 1990.

② Bebchuk, L. A. and Kastiel, K., "The Untenable Case for Perpetual Dual-class Stock", *Virginia Law Review*, Vol.103, 2017.

角来看，究竟双层股权结构设计是否有利于推进公司治理和提升公司的绩效表现，也没有能够得到一致的结论，有些研究甚至得到了截然不同的结论。虽然国内已经有部分学者关注双层股权结构的问题，[①②③④]但是这些研究尚处于文献梳理和理论回顾阶段，在双层股权结构的实证研究方面还不充分。本书重点回顾了国外学术界关于双层股权结构的既有实证结果，以期引起国内学术界的重视，并得到一些启示。

　　一些实证研究从激励效应的角度出发进行解释，认为双层股权结构有利于管理层的长期控制，更注重具有长期价值的项目，从而提高企业绩效。实证结论证实双层股权结构对企业业绩的正向影响，从而积极支持推进双层股权结构制度。Dimitrov、Jain 就利用美国 1979—1998 年间由"同股同权"结构转变为双层股权结构的企业样本开展研究，发现积极推进双层股权结构的企业在宣告实施双层股权结构之后的第四年，会为公司的股东带来高达 23.11% 的超常收益率。[⑤]进一步地，对于那些变更股权结构后依然增发股票的企业来说，超常收益率更是达到 52.61% 的较高水平，显而易见，双层股权结构的实施促成超常收益率的出现。基于实证研究所得到的结论，笔者判断双层股权结构对企业市场价值具有显著的正向影响。Hilt 对 20 世纪 20 年代美国纽约州实施双层股权结构的企业进行了实证研究，同样得到积极推进双层股权结构制度的企业获得更高绩效表现的结论，在资本市场上来看，那些积极推进双层股权结构的企业的市值也相对高一些。[⑥]Jordan 等对双层

---

① 陆宇建：《公司二元股权结构研究述评和展望》，《外国经济与管理》2016 年第 5 期。

② 石晓军、王骜然：《独特公司治理机制对企业创新的影响——来自互联网公司双层股权制度的全球证据》，《经济研究》2017 年第 1 期。

③ 韩宝山：《橘兮？枳兮？——权变视角下国外双层股权研究中的争议》，《外国经济与管理》2018 年第 7 期。

④ 齐宇、刘汉民：《国外同股不同权制度研究进展》，《经济体制比较》2019 年第 4 期。

⑤ Dimitrov, V. and Jain, P. C., "Recapitalization of One Class of Common Stock into Dual-class: Growth and Long-run Stock Returns", *Journal of Corporate Finance*, Vol.12, No.6, 2006.

⑥ Hilt, E., "When Did Ownership Separate from Control? Corporate Governance in the Early Nineteenth Century", *The Journal of Economic History*, Vol.68, No.3, 2008.

股权结构可以使管理层聚焦长期有价值的项目而避免短视的假设，发现双层股权结构使管理层面对更低的短期市场压力时，更多地倾向于去寻找发展机会，从而提高了高成长性公司的市场估值。[1]Abdullah 等比较了采用双层股权结构与单层股权结构在美国上市的中国公司的经营业绩和市场表现，发现采用双层股权结构的公司在 IPO 前表现不佳，但在 IPO 后的第二年经营业绩有所改善，市场表现也比单层股权结构的公司好。[2]

同得出结论认为实施双层股权结构对于企业的财务绩效具有积极影响的实证研究不同，还有一些学者坚持双层股权结构的壕沟效应，认为双层股权结构弱化了外部治理机制，管理者可能依靠其表决权优势侵害其他股东，从而导致企业业绩下降，实证研究结论得到了实施双层股权结构的企业对财务绩效造成负面影响的结果。欧洲学者 Maury、Pajuste 对欧洲 7 个国家共计 493 个采取双层股权结构上市的公司进行研究，研究期间限定在 1996—2009 年，实证结果显示，其中已经有 153 个公司自愿放弃双层股权架构而回归单一投票权安排。[3] 笔者进一步分析认为，市场对双层股权结构的负面预期给公司融资造成困难，所以回归"同股同权"是为了融资的无奈之举。这些回归"同股同权"的公司，托宾 Q 值等指标得到了显著增长。Smart 等通过对 1990 年到 1998 年间美国 235 家采用双层股权结构的上市公司进行实证研究，发现在 IPO 当年及其后 5 年内，采用双层股权结构的上市公司价值显著低于单一股权结构的上市公司价值。[4]Masulis 等实证结果表明，双层股权架构公司的内部控制人可能通过三种方式造成公司管理低效或侵占

---

[1]   Jordan, B. D., Kim, S. and Liu, M. H., "Growth Opportunities, Short-term Market Pressure, and Dual-class Share Structure", *Journal of Corporate Finance*, Vol.41, 2016.

[2]   Abdullah, Zhou J. N., and Shah, M. H., "Performance of Cross Listed Dual-Class Firms: Evidence from Chinese Firms Cross Listed on US Exchanges", *Emerging Markets Finance and Trade*, Vol.54, No.15, 2018.

[3]   Maury, B. and Pajuste, A., "Multiple Large Shareholders and Firm Value", *Journal of Banking & Finance*, Vol.29, No.7, 2005.

[4]   Smart, S. B., Thirumalai, R. S. and Zutter, C. J., "What's in a Vote? The Short- and Long-run Impact of Dual-class Equity on IPO Firm Values", *Journal of Accounting and Economics*, Vol.45, No.1, 2008.

中小股东利益，一是管理层薪酬过高，二是低效使用现金，三是并购行为表现差。[①]Gompers 等利用 1994 至 2002 年美国采用双层股权结构的上市公司数据，实证检验发现实施双层股权结构的企业经理人薪酬更高，降低了企业的托宾 Q 值。[②]Chaudhuri、Seo 使用 1994—2003 年间 143 起采用双层股权结构上市的美国企业数据进行实证研究，结果显示，两权分离程度与增发公告后企业的股票收益率和长期收益率的相关性均为负。[③]McGuire 等在研究双层股权结构与企业避税的关系时认为，双层股权结构产生更严重的代理问题，内部人出少量资金而控制公司大量投票权，通过对采用双层股权结构的公司进行实证研究发现，采用双层股权结构减少企业避税行为，使管理层地位巩固，公司业绩表现处于次优水平。[④]Li、Nataliya 利用 1994 年至 2010 年 19 个国家的企业数据进行研究发现，实施双层股权结构的企业往往信息不对称性显著提高，利用信息不对称操纵盈余管理，进而降低企业价值。[⑤]

还有一些研究发现双层股权结构对企业业绩的影响并不显著。Partch[⑥] 考察美国 1962—1984 年在纽约纳斯达克证券交易所上市的 44 家资产重组公司发现，公司是否实行双层股权结构，对公司业绩不会产生显著影响。2007 年，欧洲公司治理委员会、机构股东服务公司、昆士兰大学受欧盟委托，曾组成专家团队对股权结构安排与公司价值之间的关系展开研究，最终结论显示，理论和实证两方面都无法做出双层股权结构对公司价值之间关系的确切结论。以色列学者

① Masulis, R. W., Wang, C. and Xie, F., "Agency Problems at Dual-class Companies", *The Journal of Finance*, Vol.64, No.4, 2009.

② Gompers, P. A., Joy, I. and Andrew, M., "Extreme Governance: An Analysis of Dual-class Firms in the United States", *The Review of Financial Studies*, Vol.23, No.3, 2010.

③ Chaudhuri, R. and Seo, H., "An Agency Theory Explanation of SEO Underperformance: Evidence From Dual-class Firms", *Journal of International Financial Markets*, Vol.22, No.3, 2012.

④ McGuire, S. T., Dechun, W. and Ryan, J. W., "Dual Class Ownership and Tax Avoidance", *The Accounting Review*, Vol.89, No.4, 2014.

⑤ Li, T. and Nataliya, Z., "Information Environment and Earnings Management of Dual Class Firms Around the World", *Journal of Banking & Finance*, Vol.27, 2017.

⑥ Partch, M. M., "The Creation of a Class of Limited Voting Common Stock and Shareholder Wealth", *Journal of Financial Economics*, Vol.18, No.2, 1987.

Lauterbach、Yafeh 利用 1990—2000 年间的企业作为样本进行研究，他们利用同期股权结构由双层变更为一层的企业与未做变更的双层股权结构企业进行比较研究，发现股权结构变更并未带来企业绩效的显著变化，从而得出结论认为，股权结构对企业业绩没有产生显著影响。[①] Nüesch 利用瑞士双层股权结构的数据进行研究发现，双层股权结构既不能提高企业业绩，也不会损害企业业绩。此外，有的双层股权结构对企业业绩的影响并不是一分为二，而是根据具体情境不同而具体分析。[②] Dey 等的研究发现，在有些情况下，双层股权结构会降低企业业绩，而在另外一些情况下，双层股权结构会提升企业业绩。[③] 事实上，欧盟曾经认真考虑过要不要在欧洲各国强制推行"一股一票"制度，但在经过大量研究后，于 2007 年公布了最后的结论：根据已有的理论研究和实践经验，无法得出结论证实比例性原则与上市公司业绩或治理之间的因果关系。[④] 基于这一判断，欧盟委员会决定不在欧盟层面强制要求企业采取"同股不同权"的制度。

从双层股权结构对企业业绩影响的实证研究来看，多数研究发现，双层股权结构的不利影响占据主导位置，比如双层股权结构提高控制权私利、降低公司价值等。有些研究发现，双层股权结构是一种有效率的制度安排，可以缓解管理层短视，投入专用性人力资本，提升企业价值。但现有文献的实证结果难以达成一致结论，因此在实务领域仍然保持着对双层股权结构的审慎性。然而，已有文献在研究双层股权结构对委托代理问题的影响，以及是否采用双层股权结构时，基本停留在微观的企业层面和宏观的法制环境上，对包括控制权市场、产

① Lauterbach, B. and Yafeh, Y., "Long Term Changes in Voting Power and Control Structure Following the Unification of Dual Class Shares", *Journal of Corporate Finance*, Vol.17, No.2, 2011.

② Nüesch, S., "Dual-class shares, External Financing Needs, and Firm Performance", *Journal of Management & Governance*, Vol.20, No.3, 2016.

③ Dey, A., Nikolaev, V. and Wang, X., "Disproportional Control Rights and the Governance Role of Debt", *Management Science*, Vol.63, No.9, 2016.

④ Commission of the European Communities. Impact Assessment on the Proportionality between Capital and Control in Listed Companies.Brussels,2007 年 12 月 12 日。

品市场、声誉市场等在内的外部治理机制的讨论比较少。由于内生性、
样本选择、关键变量的测量误差等问题存在，实证结果可能不甚准确，
研究结论的效度有待进一步查证。从研究角度讲，今后有关双层股权
结构相关的学术研究、政策制定和企业实践，应结合外部制度、文化
环境、企业治理水平、证券市场参与者等多方面情况进行综合的考虑
和分析。实际上，近年来有一些文献已经注意到企业特征分类对双层
股权结构的影响，表明了在讨论双层股权结构时引入外部治理机制的
必要性。[①] 进一步地，不同地区、不同行业面临的外部产品市场和声誉
市场存在差异，会影响双层股权结构的作用。因此，笔者认为"同股
不同权"能否实施需要看当地法律环境、信息披露质量、投资者保护
措施、法治程度，不能一概而论。（见表 2-4）

表 2-4 　　　　　　　双层股权对企业业绩影响的主要实证文献

	作者	年份	结论
正向影响	Dimitrov and Jain	2006	从一元制股权公司转换为双层股权的公司，转换后的业绩优良
	Hilt	2008	积极推进双层股权结构制度的企业获得更高绩效表现
	Jordan、Kim and Liu	2016	双层股权结构提高了高成长性公司的市场估值
	Abdullah、Zhou and Shah	2018	双层股权结构的公司在 IPO 前表现不佳，但在 IPO 后的第二年经营业绩有所改善，市场表现也比单层股权结构的公司好
负向影响	Maury and Pajuste	2005	市场对双层股权结构的负面预期给公司融资造成困难，很多回归同股同权
	Smart、Thirumalai and Zutter	2008	采用双层股权结构的上市公司价值显著低于单一股权结构的上市公司价值
	Masulis、Wang and Xie	2009	管理人"投票权/现金流权"高，会使得（1）管理层薪酬过高；（2）公司现金使用率低；（3）公司并购行为表现差
	Gompers	2010	实施双层股权结构的企业经理人薪酬更高，降低了企业的托宾 Q 值
	Chaudhuri and Seo	2012	两权分离程度与增发公告后企业的股票收益率和长期收益率的相关性均为负

---

① Chemmanur, T. J. and Jiao, Y., "Dual Class IPOs: A Theoretical Analysis", *Journal of Banking & Finance*, Vol.36, No.1, 2012.

续表

	作者	年份	结论
负向影响	McGuire、Wang and Wilson	2014	双层股权结构带来更特殊的代理问题，造成企业避税行为减少，管理层表现次优
	Li and Zaiats	2017	利用信息不对称操纵盈余进而影响企业价值
无显著影响	Partch	1987	实行双层股权结构后，公司业绩未发生显著变化
	Lauterbach and Yafeh	2011	双层股权结构对企业价值没有显著影响
	Nüesch	2016	双层股权结构既不能提高企业业绩，也不会损害企业业绩
	Dey、Nikolaev and Wang	2016	在有些情况下，双层股权结构会降低企业业绩，而在另外一些情况下，双层股权结构会提升企业业绩

资料来源：笔者根据相关文献整理所得。

第四节　双层股权结构制度的发展历史

回顾股份有限责任公司的发展历史可以发现，"同股不同权"原则是先于"同股同权"原则存在的。最初的股份有限责任公司英国东印度公司，在股东表决决策机制上并没有采用"同股同权"的原则，而是规定出资 500 英镑以上的投资人才拥有股东大会的投票权。[①] 参考 Howell 的研究，我们可以将双层股权结构，特别是其在美国的发展历史分为四个阶段，分别为早期起步阶段（1898—1926 年）、一度禁止阶段（1926—1985 年）、放松管制阶段（1985—1994 年）、统一政策阶段（1994 年至今）。本节将从以上四个阶段回顾双层股权结构制度的发展历史。[②]

一　早期起步阶段（1898—1926 年）

现金流权和投票权的分离可以追溯到 20 世纪初。在此之前，普

---

① ［日］大冢久雄：《股份公司发展史论》，胡企林等译，中国人民大学出版社 2002 年版。

② Howell, J. W., "The Survival of the US Dual Class Share Structure", *Journal of Corporate Finance*, Vol.44, No.7, 2017.

通股和优先股都享有完全的投票权。直到 1898 年，国际白银公司
（International Silver Company）被首次授权发行 2000 万股无投票权普通
股，包括 900 万股优先股和 1100 万股无投票权普通股。1902 年底，普
通股被赋予了投票权，然而，每 2 股只拥有 1 个投票权。就这样，国
际白银公司发行的无投票权股票为企业开始在普通股和优先股之间拆
分现金流和投票权打开了大门。

到 20 世纪 20 年代，有些公司开始发行双层股权结构的股票，只
允许其中一层股票投票的权力。例如，1925 年道奇兄弟公司（Dodge
Brothers Inc.）发行了 150 万股 A 类无表决权股票，公众投资总额约为 1.3
亿美元。而道奇兄弟公司的控制公司 Dillon 投资银行却以不到 225 万美
元购买了 250001 股的 B 类股票，牢牢掌握了道奇兄弟公司的控制权。
到 1926 年，至少有 183 家公司同时发行了 A 类和 B 类股票。道奇兄弟
和福克斯剧院等公司的双层股权结果实践，引起哈佛大学教授威廉·里
普利（William Ripley）的注意。1925 年 10 月，他首次在纽约市政治科
学院发表演讲，并先后在《纽约时报》《国家》《大西洋月刊》上发表
了多篇文章，出版《大街与华尔街》，表示对双层股权结构的质疑。里
普利预测，由于银行家对商业公司的绝对控制，联邦贸易委员会等机
构的权力和活动将会扩大。抗议还促使总统卡尔文·柯立芝（Calvin
Coolidge）亲自邀请里普利讨论这个问题。1926 年 2 月 17 日《纽约时报》
的头条新闻是"总统研究无投票权股票：他与里普利教授商讨联邦行
动是否可取"。在政府和学术界的引导下，社会公众开始表现出对不断
增长的投票权委托的不满。

二　一度禁止阶段（1926—1985 年）

1926 年后，纽约证券交易所第一次未批准无投票权证券的发行，
并于 1940 年正式宣布禁止双层股权结构上市。在 1926—1985 年期间，
纽约证交所维持了禁令，只有福特汽车公司等少数公司例外。福特汽车
公司通过发行一个拥有较低投票权的阶层，而非没有投票权的阶层，得
以绕过禁令。福特家族持有的公司 B 类股票保留了 40% 的投票权，而

A 类股票保留了 60% 的投票权。这使得该家族得以上市，同时仅保留 5.1% 的股权。此外，还有少数几家公司也采用了这种结构。Seligman 发现，由于严格遵守政策规则，在 1985 年只有 10 家纽约证券交易所公司采用双层股权结构。[①] 其他交易所对双层股权结构的上市政策没有那么严格。在此期间，纳斯达克证券交易所和美国交易所仍允许双层股权结构公司上市。1976 年，王氏集团由于拟议双层股权结构而无法在纽约证券交易所上市，转而去美国证券交易所得到批准上市。

三　放松管制阶段（1985—1994 年）

20 世纪 70 年代中东爆发石油危机，引发全球经济萧条。全球范围内的收购与兼并开始在上市公司之间兴起。单一股权结构在抵御收购兼并方面的劣势，使得双层股权结构成为公司创始人和管理层的现实需求和有力机制，很多公司开始调整股权结构安排以防止被接管的风险。例如，迪士尼的创始人一度被逐出董事会，CEO 艾斯纳控制迪士尼长达 20 多年的时间。纳斯达克证券交易所和美国证券交易所对双层股权结构采取了比较宽容的态度，在当时吸引了很大一批企业在其证券交易所上市。在此背景下，纽约证券交易所为了与纳斯达克证券交易所和美国证券交易所抗衡，终于在 1985 年放松了对双层股权结构上市的限制。有人质疑双层股权结构是否会对普通股股东造成不公平。Gilson 的研究发现，是双层股权结构中的超级表决权交易而不是双层股权结构制度本身造成不公平。[②] 为统一三大证券交易所对双层股权结构上市的标准，1988 年 7 月 7 日，美国证券交易委员会投票通过了 19C-4 规则，从法理上认可了双层股权结构制度的合理性，也为三大证券交易所提供了一个兜底标准。但是，美国证券交易委员会未能对美国三大证券交易所设置一致的双层股权结构制度规则，只是提供了有力的参

---

① Seligman, J., "Sheep in Wolf's Clothing: The American Law Institute Principles of Corporate Governance Project", *Geo. Wash. L. Rev.*, Vol.55, 1986.

② Gilson, R. J., "Evaluating Dual Class Common Stock: The Relevance of Substitutes", *Virginia Law Review*, 1987.

考而已。不过，1990 年，这一规则因越权遭到起诉而被哥伦比亚特区法院撤销，但纽约证券交易所和纳斯达克证券交易所还是遵循了这一规则，允许企业 IPO 时引入不同投票权股票，但不得削弱现有股东的投票权。美国证券交易所则增加了限制性条款，需要 2/3 以上股东和大多数非内部人的同意。[①] 与此同时，美国以外的国家或地区（如德国等）的双层股权结构公司数量迅速增加，甚至达到有史以来的巅峰。[②] 这一阶段的显著特点是："同股不同权"采取了优级投票权股票和次级投票权股票的形式，证券监管和交易所政策趋于一致。

四 统一政策阶段（1994 年至今）

1993 年底，美国证券交易委员会主席莱维特建议全美市场实行统一的有关投票权的政策。美国证券交易所、纳斯达克证券交易所和纽约证券交易所先后同意并于 1994 年 5 月实施。新的投票政策允许公司发行双层股票，不限制新公开发行股票的投票权，但禁止通过各种手段减少现有股东的投票权。美国证券价格研究中心报告显示，1988—2007 年间，采用双层股权结构上市的公司占全美上市公司的比例达到 7.2%。[③] 尽管如此，双层股权结构仍遭到批评。特别是 2004 年谷歌公司以双层股权结构上市后，一些股东积极主义者、机构投资者、工会领袖和大股东纷纷跳出来反对，建议回到"一股一票"原则上去。2016 年，美国机构投资者理事会（The Council of Institutional Investors，以下简称 CII）游说纽约证券交易所和纳斯达克，要求所有采用多层股权结构的上市公司必须在公司章程中规定落日条款（sunset provision），以保证在未来约定的时间或条件下（如创始人病逝）需转化为一股一票。2017 年，CII 代表机构投资者重申，"一股一票"才是公司善治之核心，要

---

① 齐宇、刘汉民：《国外同股不同权制度研究进展》，《经济社会体制比较》2019 年第 4 期。

② Bentel, K. and Walter G., "Dual Class Shares", *Comparative Corporate Governance and Financial Regulation*, 2016.

③ 张欣楚：《双层股权结构：演进、价值、风险及其应对进路》，《西南金融》2019 年第 6 期。

求把多层股权限制在 7 年以内。不过,双层股权结构并没有停止发展,越来越多的企业采用了这一结构上市,并获得了越来越多投资者的偏爱和社会的认可。截至 2017 年 3 月底,在 3000 家 Russell 成长指数公司中,大约有 10% 的公司实行了多层股权结构;而在全部上市公司中,这一比例超过了 20%,不仅包括新上市的著名科技公司以及传媒企业,也包括金融服务公司、消费品产销企业和传统的工业企业。[1] 采用双层股权结构进行 IPO 的企业占比已从 2005—2009 年间的 11%,上升至 2010—2014 年间的 14.5%,再到 2015—2017 年间的 20.5%。[2] 这一阶段的显著特点是:"同股不同权"成为商界普遍现象并取得了合法地位,但社会各界仍存在争议。

第五节 简要结论

本章分为四个主体节对双层股权结构制度的基本概念、基本理论、优势和劣势以及发展历程进行了全面的透视。分别从"双层股权结构制度的概念界定""双层股权结构制度的优势与劣势""双层股权结构制度的理论阐释"以及"双层股权结构制度的发展历史"四个层面进行了深入分析。

在"双层股权结构制度的概念界定"节,笔者对双层股权结构制度的内涵以及表现形式进行了深入分析,认为股权结构可以分为"同股同权"和"同股不同权"两个基本类型,而双层股权结构属于同股不同权股权结构的重要形式。实施双层股权结构使得公司创始股东在获得融资的同时保持了对公司的控制权,具有重要的意义和价值。从双层股权结构的表现形式来看,可以分为双层股权结构、多层股权结构、变相的双层股权结构、公司章程额外规定形式的双层股权结构以及金

---

① 齐宇、刘汉民:《国外同股不同权制度研究进展》,《经济社会体制比较》2019年第 4 期。

② Tallarita, R., "High Tech, Low Voice: Dual-Class IPOs in the Technology Industry", *Harvard Law School Working Paper*, 2018.

股形式的双层股权结构。

在"双层股权结构制度的优势与劣势"节，笔者分别对企业推行双层股权结构的优势和劣势进行了详细阐释。其中，在推行双层股权结构的优势方面，随着双层股权结构的推行，不仅能够助力企业创始人或管理层有效抵制恶意的并购行为出现，而且也较好地鼓励了企业管理层积极投入高度匹配性的人力资本。除此之外，双层股权结构的推行也使管理层能够做出更加符合效率原则的决策。在推行双层股权结构的劣势方面，双层股权结构的推行，在一定程度上削弱了普通股股东的权力，对传统的"同股同权"原则是一大挑战。不仅如此，双层股权结构制度的推行也使得基于并购的外部公司治理监督机制失灵，导致企业过度依赖于某个人或某个家族。

在"双层股权结构制度的理论阐释"节，笔者分别对作为双层股权结构制度的股东异质性理论、企业家间接定价理论进行了分析，并对关于双层股权和企业绩效之间的关系实证研究进行了梳理。其中，委托代理理论认为，双层股权结构实际上是一种控制权提升机制，将会加剧所有权与控制权的分离程度，同时带来公司治理中的第一类代理问题和第二类代理问题。股东异质性理论认为，传统同股同权的股权结构制度是基于股东具有相同特征的假设，然而，无论从理论还是实践来看，股东均具有异质性，所以，需要引入双层股权结构设计平衡不同股东的异质性。在企业家间接定价理论看来，企业创始股东具备开展所在公司生产运营的专业知识和才能，而其他股东在这方面不足或缺乏投入，这些知识和才能又不能直接进行交易，只有通过间接交易过程才能体现，而作为间接交易的重要方式就是推行双层股权结构。在企业生命周期理论看来，企业的发展与生物成长曲线形态相近，会经历创业、成长与成熟以及衰退阶段，根据企业不同的发展阶段，企业的股权结构需要做相应的调整。随着时间推移，企业实施双层股权结构的效率优势减少，而效率成本却在不断增加。在有关实施双层股权结构对企业财务绩效影响的实证研究方面，有些研究得出双层股权结构设计有利于提升企业财务绩效的结论，有些研究得出双层股权结构实施对于企业财务绩效具有负面影响的结论。

在"双层股权结构制度的发展历史"节，笔者以美国为重点，将双层股权结构制度的发展分为四个阶段，分别为1898—1926年的早期起步阶段，1926—1985年的一度禁止阶段，1985—1994年的放松管制阶段以及1994年至今的统一政策阶段。

第三章

双层股权结构制度的国际经验

放眼全球，各国家或地区推行双层股权结构制度的具体实践差异较大。承认双层股权结构制度合理性并接受双层股权结构企业上市的，主要是美国和加拿大的资本市场。有些国家不鼓励，比如澳大利亚允许非上市公司采用双层股权结构，但不允许上市公司采用。还有些国家严格禁止企业采取双层股权结构，比如德国不允许企业采取双层股权结构上市。"他山之石，可以攻玉"，本章通过对双层股权结构制度的国际观察拓宽视野，通过考察主要国家双层股权结构制度的发展与演变过程，为我国引入该制度提供实践借鉴。

第一节　全球主要交易所双层股权结构实践

为了对全球各国或地区实施双层股权结构制度的情况有一个基本的把握，本节对全球主要交易所的双层股权结构实践进行了考察，分别从实施双层股权结构制度典型地区分布和实施双层股权结构制度典型交易所概况两个方面对双层股权结构推行的国际实践进行了阐释。

一　实施双层股权结构制度典型地区分布

我们可以将实施双层股权结构制度的典型地区分为三个基本类别，分别为明确允许实施双层股权结构制度、允许非上市公司实施双层股权结构制度以及禁止实施双层股权结构制度。

在明确允许实施双层股权结构制度的典型地区中，当地公司法以及上市公司相关制度明确允许非上市公司或上市公司实施双层股权制度，设计相应的双层股权结构。典型国家或地区包括北美的美国和加拿大两国，北欧的瑞典，东南亚的新加坡，以及2017年12月15日正式开始引入双层股权制度的我国香港特区。总体而言，无论是这些国家或地区的公司法，还是这些国家或地区关于上市公司的规定，均相对较为宽容，对"同股不同权"原则较为认可或者经过充分讨论之后已经明确由"同股同权"原则转向"同股不同权"原则。不过，需要特别说明的是，尽管这些国家或地区均允许上市公司和非上市公司实施双层股权结构设计，但是，对于上市公司和非上市公司的要求存在一定的差异。对于非上市公司来说，这些国家或地区的要求相对更为宽松；对于上市公司而言，这些国家或地区尽管允许实施双层股权结构制度，但是，为了保障其他股东的利益，平衡创始股东和普通股东的权利，限制性的要求也比较多。

在允许非上市公司实施双层股权结构制度的典型地区中，当地公司法明确提出非上市公司在满足一定的要求或条件之后，可以实施双层股权结构制度；但是，公司法和上市公司管理规则也明确，上市公司不允许推行双层股权制度。这些比较典型的国家或地区包括英国和澳大利亚。在英国，非上市公司可以实施双层股权结构制度，并基于双层股权结构制度设计自身的双层股权架构；上市公司则被排除在实施双层股权结构制度的公司之外。在澳大利亚，非上市公司也可以在符合一定标准的前提下实施双层股权结构制度，但是，即便上市公司具备同非上市公司同样的条件，也被排除在允许实施双层股权结构的情况之外。

在禁止实施双层股权结构制度的典型地区中，不仅上市公司被排除在实施双层股权结构的公司之外，而且非上市公司也不允许推行双层股权结构制度。这方面比较典型的包括欧洲的德国和西班牙，亚洲的韩国和中国等。比如，在德国和西班牙，按照当地公司法和上市公司相关规则，不仅上市公司不得设计双层股权架构，而且非上市公司也不得设计双层股权架构。在韩国和中国，"同股同权"已经成为公司法和上市公司管理相关规定的基本思想和基本原则，尽管没有排除部分上市公司和非上市公司通过一定的制度设计规避相关规定，但是，已经对非上市公司和上市公司推行双层股权制度提出了明确的禁止规定。

显而易见，从推行双层股权结构制度的典型地区区分来看，英美法系更倾向于设置更自由宽松的规定，而大陆法系的不少国家在公司法法条中禁止使用双层股权结构。

二 实施双层股权结构制度的典型交易所概况

从实施双层股权制度的典型交易所概况来看，在全球市值排名前20名的交易所中，有12家证券交易所当前已经引入"同股不同权"的原则，为实施双层股权结构制度建立了较为完善的法律制度体系。另外8家证券交易所当前依然坚持"同股同权"的原则，在实施双层股权结构制度方面依然严格禁止。不过，从基本的变化趋势来看，实施双层股权结构也可能是证券交易所进一步发展和完善制度规定的基本趋势。比如，香港联交所在2017年之前是遵循"同股同权"原则推进上市公司做好股权结构设计的，但是，随着错失阿里巴巴等优势上市资源，引起香港联交所持续争论，最终于2017年底通过修订相关制度，引入了"同股不同权"的原则，开始允许存在双层股权结构设计的公司上市。

纵观股权结构制度的发展历程，可以发现一个基本的规律，即无论从学术研究层面，还是从各国政策推进层面，抑或是从企业的具体实践来看，是否在公司的股权结构设计中引入"同股不同权"的原则经历了由"同股同权"到"同股不同权"的基本过程，并且期间也存在由"同股不同权"转回到"同股同权"的反复。比如，在国家证券监督管理部门层面，20世纪80年代，美国证监会出台19C-4规定，禁止已经在证券交易所挂牌上市的公司发行带有双层股权结构的股份；不过，美国证监会的相关规定很快就被法院推翻，在证券交易所挂牌的公司发行带有双层股权结构的股份又重新得到认可。再如，在证券交易所层面，美国纽约证券交易所历史上有近60年只允许"同股同权"，不允许在该交易所上市公司基于"同股不同权"原则开展股权结构的调整；但是，在美国纳斯达克证券交易所的激烈竞争之下，最后还是做出了基本的转向。也就是说开始在上市公司股权结构设计中引入"同股不同权"的原则，上市公司基于"同股不同权"原则进行股权结构的设计得到了证券交易所的允许。同样，在欧洲国家，"同股不同权"也具有深厚的历史发展脉络背景，许多国家以及证券交易所在历史上也对要不要实行"同股不同权"做了很多研究和争论，有些欧洲证券交易所引入了"同股不同权"原则允许上市公司推进双层股权结构设计，有些欧洲证券交易所依然坚持"同股同权"原则不允许上市公司推进双层股权结构设计；显而易见，在是否引入"同股不同权"原则的争论中，不同的欧洲国家和不同的交易所本身存在分歧。比如，澳大利亚公司法并没有禁止双层股权结构，但是澳大利亚的证券交易所仍然坚持"同股同权"原则，为的就是保护中小股东的合法权益。在亚洲，由于证券交易所本身之间的激烈竞争，2016 年以来，新加坡和中国香港等亚洲著名的证券交易所也陆续由"同股同权"转向"同股不同权"。比如，香港联交所因过往基于"同股不同权"原则的双层股权结构曾带来一些问题，多年后再次讨论和商议过程中，这一制度曾一度面临"破产"，最终经多方咨询获艰难通过，并进行了比较严格的限制和规定。（见表 3-1）

表 3-1 全球前 20 大证券交易所对双层股权结构的看法

排名	交易所名称	经济体	总部	市值（10 亿美元）	是否允许双层股权上市
1	纽约证券交易所	美国	纽约	30923	是
2	纳斯达克证券交易所	美国	纽约	10857	是
3	日本交易所集团（东京证券交易所、大阪证券交易所）	日本	东京	5679	是
4	上海证券交易所	中国	上海	4026	否
5	香港证券交易所	中国	香港	3936	是
6	泛欧交易所	欧洲	阿姆斯特丹	3927	是
7	伦敦证券交易所集团（伦敦证券交易所、意大利证券交易所）	英国、意大利	伦敦	3767	否

排名	交易所名称	经济体	总部	市值（10亿美元）	是否允许双层股权上市
8	深圳证券交易所	中国	深圳	2504	否
9	TMX 集团（多伦多证券交易所、蒙特利尔证券交易所）	加拿大、美国	多伦多	2246	是
10	孟买证券交易所	印度	孟买	2056	是
11	印度国家证券交易所	印度	孟买	2030	是
12	德意志交易所	德国	法兰克福	1864	否
13	瑞士证券交易所	瑞士	苏黎世	1523	是
14	韩国交易所	韩国	首尔	1463	否
15	纳斯达克（北欧）	瑞典、丹麦、冰岛、立陶宛、亚美尼亚	斯德哥尔摩	1372	是
16	澳洲证券交易所	澳大利亚	悉尼	1326	否
17	台湾证券交易所	中国	台湾	966	否
18	巴西证券交易所	巴西	圣保罗	938	是
19	南非证券交易所	南非	约翰内斯堡	894	是
20	西班牙证券交易所	西班牙	马德里	764	否

数据来源：笔者根据各证券交易所数据整理所得。

第二节 美洲较为广泛地应用双层股权制度

美国和加拿大都是资本市场比较成熟的国家，因此本部分主要分析较为推崇双层股权结构上市的美国资本市场实践以及加拿大资本市场实践。

一 美国双层股权结构制度演变：禁止—放松—允许

美国拥有比较成熟的资本市场和投资者，同时拥有较为健全的法治环境，是双层股权结构制度起源并得到广泛应用的国家。美国有三大证券交易所，分别是纽约证券交易所（NYSE）、美国证券交易所（AMEX）

和纳斯达克证券交易所（NASDAQ）。目前，这三大证券交易所均允许采用双层股权结构上市，但是观察各证券交易所关于双层股权结构制度的规则变迁可以发现，这一规则并不是开始就受到各证券交易所允许的，而是随着经济社会的发展以及证券交易所之间的竞争而逐步形成的。

纽约证券交易所一直试图吸引大型、成熟的企业，对双层股权结构的防御功能表示质疑，同时认为，双层股权制度实质上是对股东的差别对待。1926年1月18日，纽约证券交易所基于政治风险的考量以及来自学术界、政府官员与普通民众的反对，第一次未批准无投票权股票发行。1940年，纽约证券交易所正式宣布禁止采用双层股权结构的公司上市，并严格贯彻执行了40年的时间。与纽约证券交易所相比，美国证券交易所对双层股权结构制度的态度比较温和，限制性规则也比较少。但是，鉴于双层股权结构带来的负面影响，还是在1972年实施了禁止无投票权股发行的政策。1976年，王安公司申请在纽约证券交易所上市，由于其准备采取双层股权结构上市而未获批准。后改变策略，转向美国证券交易所提出申请，获得了上市申请的批准。为了应对美国证券交易所和纳斯达克的竞争，1985年2月纽约证券交易所就是否放宽对双层股权结构公司的限制展开讨论。纽约证券交易所最终决定在一定限制条件下接受双层股权结构公司上市。自此，美国三大证券交易所均允许采用双层股权结构的公司上市。据统计，1985—1988年，在美国三大证券交易所上市的双层股权结构公司数量由180家增加到336家，占到美国上市公司总数的6.7%。其中，纽约证券交易所的上市规则最严格，其次是美国证券交易所，而纳斯达克证券交易所为吸引创业企业，其上市规则较为宽松。① 纳斯达克证券交易所规定，2/3以上股东同意或者多数非内部股东同意，即可采用双层股权结构上市。而美国证券交易所比纳斯达克证券交易所稍微严格一些，除了满足纳斯达克证券交易所的规定外，还要求董事会中至少包括1/3以

---

① 张占锋：《我国移植双层股权结构制度法律问题研究》，博士学位论文，对外经贸大学，2018年。

上的独立董事，或者由低投票权股东选举出超过 25% 的董事。纽约证券交易所的要求更为严格，目标公司是吸引那些规模比较大的企业。此外，为保护中小投资者权益，美国三大证券交易所均要求无投票权股东、低投票权股东与超级投票权股东享有相同的知情权。

如表 3-2 所示，从实际结果来看，美国采用的双层股权企业在通信、印刷/出版、烟草、服装等行业分布比较多。除信息行业之外的其他行业，需要选择"同股不同权"制度的原因稍有差异。一般来说，报纸、电视等传媒行业需要有自己的经营理念和特色，且比较抗拒外部因素的干扰，因此双层股权结构企业的占比会相对较多；早期的烟草、服装产业大多是家族企业，家族企业为了避免股权稀释也会更倾向于采用双层股权结构。

表 3-2　　　　　　　美国双层股权结构企业的行业分布

行业	双层股权企业占比	行业	双层股权企业占比
通信	26.58%	个人服务	8.79%
印刷和出版	22.64%	农业	8.33%
烟草产品	18.75%	橡胶与塑料	8.33%
服装	14.85%	交通	7.49%
非金属矿	14.29%	批发	7.25%
酒精饮品	13.04%	零售	6.82%
钢铁	12.82%	糖果和苏打	6.67%
纺织	12.50%	化学	6.58%
建筑材料	11.54%	集装箱	6.25%
娱乐	11.11%	汽车和卡车	6.15%
航空	9.52%	消费品	6.00%
建筑材料	8.97%	机械	6.00%

资料来源：笔者根据《On the Decision to go Public with Dual Class Stock》[1]一文中数据整理所得。

---

[1]　Arugaslan, O., Cook, D. O. and Kieschnick, R.,"On the Decision to go Public with Dual Class Stock", *Journal of Corporate Finance*, Vol.16, No.2, 2010, pp.170—181.

1988 年，美国证券交易监督委员会对双层股权结构制度进行了统一的规定，即 19C–4 规则，其核心内容是仅允许上市公司在 IPO 时采用双层股权结构上市，不允许已经上市的公司利用资本重组等方式再另设双层股权结构。19C–4 规则的具体内容包括以下四个方面：第一，禁止已上市的公司通过采用双层股权结构稀释已经登记在册股东的投票权。属于稀释已经登记在册股东的投票权行为包括：投票权封顶，指限制超过规定比例的股东的投票权，比如股份总数的 10%；持股时间限制，指减少持股低于一定时段（3 年）的股东的投票权；换股要约，通过变相发行新股方式换取普通流通股投资者的投票权，无论新发行的股票是高投票权股抑或低投票权股；分派股息，原则上被禁止，除非新发行的股票是高投票权股。[①] 第二，首次公开募集股份发行普通股或低投票权规则可以豁免于上述规则。第三，依据善意取得方式获取普通股或低投票权股豁免于上述规则。第四，任何交易均不得限制和剥夺低投票权股东应得的股份分红。美国证券交易委员会出台的 19C–4 规则，从法律上认可了双层股权结构制度的合法性，但是美国证券交易所未能对包括纽约证券交易所、纳斯达克证券交易所以及美国证券交易所在内的美国三大证券交易所设置统一的双层股权结构制度安排。

二　加拿大双层股权结构制度演变：广泛应用

在加拿大，双层股权结构作为公司融资机制源于 19 世纪中期公司法规的改变。1942 年 12 月，Molson's Brewery 公司最早采用无表决权股份，公司股票由 100 万 A 类无表决权股和 B 类普通股组成。到了 20世纪 50 年代，越来越多的公司通过发行无表决权股票或次级表决权股，实现在扩大融资规模的条件下保持控制权。奥斯古德霍尔法学院

---

① 张占锋：《我国移植双层股权结构制度法律问题研究》，博士学位论文，对外经贸大学，2018 年。

的 Ben-Ishai 和 Puri 将这种改变归因于那个时期经济价值的转变。[①] 对私人项目的鼓励导致允许公司通过公司章程改变"一股一权"的股权配置比例。1874 年的《安大略省联合股份公司的信函专利法案》明确规定："在公司的股东大会上，每位股东都有权享有与他拥有公司股份一样多的投票权，除非公司章程或细则另有明文规定。"[②] 然而，尽管立法允许发行包括双层股权结构股票在内的所有类型的股票，但在 1874 年至 1953 年之间双层股权结构在加拿大并不特别受欢迎。根据安大略证券委员会报告，1953—1970 年期间，共有 21 家采用无表决权股的公司在多伦多证券交易所上市。

到 20 世纪 60 年代，双层股权结构因其不会稀释控制股东的控制权而越来越多地用于员工持股计划。如加拿大轮胎公司员工合计持有 12% 的股权，公司创始人担心员工持股比例过大会威胁自己的控制权，将员工持有的股份转化为 A 类无表决权股，创始人 Bille 持有 B 类有表决权的普通股。不仅如此，越来越多的外国资本到加拿大投资，威胁到加拿大经济的独立性，据统计，1900—1950 年投资加拿大的外资中美国投资比例由 13.6% 上升到 75.5%。20 世纪 80 年代，随着越来越多的公司采用超级投票权设计，围绕双层股权结构制度的经济和民主问题也引起了证券监管机构和其他利益相关者的关注。加拿大证券监督管理委员会于 1984 年 3 月 2 日通过并发布了文件，指出取消双层股票可能会给资本市场带来严重问题，该文件对双层股权结构在加拿大发展中的积极作用表示肯定。但由于双层股权结构违反了加拿大民主原则和民族主义精神，因此一直存在争议。随着经济复苏，公司创始人对双层股权结构的需求持续增长，为了抵御外国资本的侵袭，也为确保加拿大公民在吸引外国投资的同时能继续控制公司，加拿大政府允许在此种情形下使用双层股权结构。据统计，1975 年，加拿大采用双层股权结构上市的公司占比为 5% 左右，1987 年这个数字增长到 15% 以

---

① Ben-Ishai, S. and Puri, P., "Dual Class Shares in Canada: An Historical Analysis", *The Dalhousie Law Journal*, Vol.29, 2006.

② 张占锋：《我国移植双层股权结构制度法律问题研究》，博士学位论文，对外经贸大学，2018 年。

上，到 2005 年，双层股权结构上市公司占比已高达 20%，到 2013 年 7 月，多伦多交易所 1555 家上市公司中，41 家（约 3%）设置有类别股份。其中包括加拿大最大和最知名的公司，如四季酒店公司、罗杰斯通信公司、庞巴迪公司等。

三　关于美洲引入双层股权结构制度的简评

整体来看，美洲资本市场对双层股权结构的包容性比较强，资本市场的灵活性更高。美国和加拿大作为成熟的资本市场，在对待双层股权结构的态度上经历了从"自由放任"到"适度监管"的转变。[①] 两国上市公司中采用双层股权架构的企业占比多，而且很多外国公司由于其所在国证券市场的限制而赴美洲资本市场上市融资。进一步地，相对于美国而言，加拿大企业中家族控股企业占比更大，投资者保护体系更严格，防范低投票权股东财富被挪用的监管体系更科学，因而有效抑制了双层股权结构可能带来的负面作用。[②]

从美国的经验来看，三大证券交易所之间的竞争成为推动双层股权结构制度的重要推动力，股权分散的资本市场结构是双层股权结构发展的重要基础，互联网等创新公司的需求是双层股权结构发展的现实背景。从加拿大的经验来看，双层股权结构的起源和发展是基于中小创业企业的融资需求而不断推进，后来逐渐扩展到大型企业的。

第三节　欧洲各国对双层股权结构看法不一

双层股权结构在欧洲被广泛应用，但看法比较复杂。曾有研究选取丹麦、芬兰、德国、意大利、挪威、瑞典、瑞士七个欧洲国家进行

[①] 高菲：《争议中的双层股权结构：国际经验及对中国启示》，《理论月刊》2018年第 8 期。

[②] Jog, V., Zhu, P. C. and Dutta, S., "Impact of Restricted Voting Share Structure on Firm Value and Performance", *Corporate Governance: An International Review*, Vol.18, No.5, 2010.

研究，发现从总体上看，1996—2002 年这些国家采取双层股权结构的上市公司占比从 22% 下降到 4%。这其中，瑞典的双层股权公司占到了这七个国家的 71%，而拥有最少双层股权公司的德国仅占有 3%。本部分具体分析德国、英国和法国的双层股权结构制度实践演变。[①]

一 德国双层股权结构制度演变：允许—限制—完全禁止

第一次世界大战后，德国跟加拿大一样，允许本国人民"一股多权"，以保护本国产业不受外国资本侵蚀。但在 20 世纪 20 年代，德国上市公司中出现了大量滥用双层股权结构的案例。当时很多公司股东每股拥有 1000 个甚至 10000 个表决权，为了个人利益滥用超级表决权，严重损害了中小股东利益。[②] 德国国会被迫于 1937 年规定，公司法禁止公司使用超级投票权，也同时规定了例外情况。比如，《德国股份公司法》第 12 条规定：每一个股份享有一个投票权，优先股可以作为无投票权股份发行，不允许超过一个投票权的股份。1998 年，德国正式全面禁止双层股权结构，并颁布《有关加强企业控制和透明度法》删除了《德国股份公司法》第 12 条的例外条款，之前的规定自 2003 年 6 月 1 日起失效，德国又再度回到"一股一权"的单一股权结构模式。此外，2002 年、2009 年的《德国公司治理准则》均建议德国上市公司坚持"一股一权"原则。

二 英国双层股权结构制度演变：允许—减少

英国上市公司在 19 世纪 60 年代中期曾流行使用双层股权结构。但是，同时期英国机构投资者持有的上市公司股份比例也在大幅攀升，机构投资者基于业绩考虑，敦促上市公司坚持"一股一权"的公司治理标准，减少双层股权结构的使用，并取得显著效果。19 世纪 90 年代

[①] Anete, P., "Determinants and Consequences of the Unification of Dual-Class Shares", *European Central Bank Working Paper Series*, 2005.

[②] 安邦坤：《审慎推动双重股权结构公司上市》，《中国金融》2018 年第 8 期。

后，双层股权结构再次在英国得到了广泛使用。1996 年英国使用双层股权结构的企业占比达到了 23.9%。当时的英国公司法规定，公司可以根据自身及市场情况，自行约定种类股及超级投票权比例。后来，英国公司法又确立了"一股一权"的原则，明确限制双层股权结构的适用。但事实上，由于历史上公司创始人、管理层已经习惯了双层股权结构，因此实践中仍有大量上市公司采用，只不过这些英国公司时常通过不在章程里面约定双层股权结构这一做法来逃避法律监管。

2014 年 5 月，英国修订了《上市规则》，规定只有标准上市（Standard Listing）公司才能采用"同股不同权"的上市结构制度。英国证券市场中的主板市场有两个上市标准，一个是高级上市（Premium Listing）标准，上市标准严格，如需要运营满 3 年，提供 3 年收入记录；审计师出具财务报表无保留意见；证明自己运营资金充沛；证明自己在各方面均具有独立性。采用高级上市标准上市的公司其信息披露要求也十分严格，须遵循英国超等同规则（super-equivalent rules）进行详尽的信息披露。[1] 另一个是标准上市标准，上市标准对拟上市企业的要求相对宽松，仅需符合欧盟最低上市要求即可，主要被用于股份、信托证券和债券的上市。[2] 虽然目前英国对超级投票权制度的态度较为宽容，但由于大多数公司都是奔着高级上市标准去的，因此事实上并没有多少英国公司在采用双层股权结构制度，其发展呈现下降趋势。

三　法国双层股权结构制度演变：禁止一例外

法国规定"一股一权"的原则，但事实上也存在例外情况。在法国，以一个股东的名义登记持有股份达到公司章程规定的期间（一般规定不少于两年），该股东才享有获取特别投票权的资格。因此，法国公司股东长期持有公司股票的很大一部分动力在于为了获得超级投票

---

① 林海、常铮：《境外资本市场差异化表决权监管路径探究及启示》，《证券法苑》2018 年第 1 期。

② 徐海霞：《我国 A 股上市公司超级投票权制度构建研究》，硕士学位论文，浙江大学，2018 年。

权，不一定由公司的经理或实际控制人持有。这种不同投票权的所有权结构一方面有利于鼓励股东长期持有公司股票，另一方面，对持有公司股票的员工整体也有利。

法国于 2014 年 2 月通过了《佛洛朗日法案》，其核心内容是注册股票满两年的股东将自动获得双层投票权。在该法案通过之前，法国公司仅向注册其股票至少两年以上的股东授予双层投票权，并且前提是相关公司在其章程的条款中明确允许此类情况的发生。对于公司章程中没有明确包含双层投票权的公司，需要采取必要的行动去阻止股东批准的章程修正案中的双层投票权的自动获取的情况发生。法国章程修正案规定，无论是管理层方面的提案形式还是股东方面的提案形式，都要求三分之二的表决通过。双层投票权将会是缺省规则或不确定性决策规则。这项制度推出仅一年，已有 54% 的法国公司根据上述情况发行了有权获得双倍投票权的股票。

四 关于欧洲引入双层股权结构制度的简评

根据欧洲国家市场的实践情况，我们可以发现，不同国家因其市场特点、文化背景、经济发展趋势和水平的不同，对双层股权结构的容纳度和接受度不同。这一点也是我们在后续分析双层股权结构在我国的适用性时的重要考量。Institutional Shareholder Services 对欧洲 16 个国家 464 家大型上市公司的统计研究发现，超过 10% 的企业采用双层股权结构设置。[1] 如表 3-3 所示，Bennedsen 和 Nielsen 通过西欧 14 个国家 4096 家上市公司的调查研究发现，采用双层股权结构的企业数量为 963 家，占样本企业总数的 24%。[2] 如图 3-1 所示，据统计，欧盟国家中允许特权股上市的国家占比 63%，允许投票权上限方

---

[1]   Institutional Shareholder Services: Proportionality Between Ownership and Control in EU Listed Companies: External Study Commissioned by the European Commission, 2007, http://www. ecgi. org/osov/documents/final_report_en. pdf.

[2]   Bennedsen, M. and Nielsen, K. M., "Incentive and Entrenchment Effects in European Ownership", *Journal of Banking & Finance*, Vol.34, No.9, 2010.

式上市的国家占比 58%，允许多层投票权股份上市的国家占比 53%，允许黄金股上市的国家占比 42%，允许无投票权方式上市的国家占比 42%。

通过对德国、英国和法国双层股权结构实践的观察，发现德国不允许设立除优先股以外的双层股权结构，英国规定只有标准上市公司才能采用同股不同权的上市结构制度，法国规定持有超过 2 年的股东可以获得 2 倍的表决权。欧洲国家对于引入双层股权结构的不同监管态度反映了该制度的争议性和复杂性。

表 3-3　　　　　　　　欧盟国家中允许双层股权结构上市的比例

序号	国家或地区	样本企业数量	采用双层股权结构企业数量	双层股权结构企业占比
1	奥地利	90	21	23
2	比利时	85	0	0
3	丹麦	164	48	29
4	芬兰	104	46	44
5	法国	495	15	3
6	德国	582	112	19
7	爱尔兰	60	15	25
8	意大利	169	73	43
9	挪威	138	15	11
10	葡萄牙	70	0	0
11	西班牙	146	0	0
12	瑞典	200	123	62
13	瑞士	161	84	52
14	英国	1632	411	25
合计	西欧国家合计	4096	963	24

资料来源：笔者根据 Bennedsen 和 Nielsen 研究[1]整理所得。

---

① Bennedsen, M. and Nielsen, K. M., "Incentive and Entrenchment Effects in European Ownership", *Journal of Banking & Finance*, Vol.34, No.9, 2010.

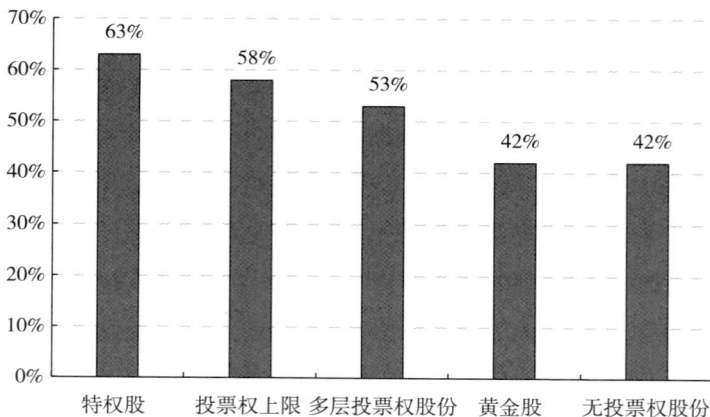

图3-1　欧盟国家中允许双层股权结构上市的比例

资料来源：笔者根据《Report on the Proportionality Principle in the European Union》整理所得。

第四节　亚洲各国或地区逐渐承认双层股权结构

亚洲各国或地区正在逐渐承认双层股权结构的合理性。但鉴于本国资本市场的吸引力等诸多因素，日本、新加坡及我国香港地区相继倒戈，接纳双层股权结构上市。

一　新加坡双层股权结构制度演变：禁止—允许

新加坡对双层股权结构的态度正在趋缓。早年，双层股权结构制度在新加坡是被抵制的，根据新加坡公司法，除报业公司根据《报纸和印刷出版法案》可以发行管理层股票之外，应该普遍遵循"同股同权"制度。[1] 2011 年，监管部门修订此项条款，取消了对"一股一票"的制约，允许一股可以有不同的投票权。2016 年，新加坡上市咨询委员会建议新加坡交易所可以允许双层股权结构上市，同时推出相应的风

---

① 巴曙松、巴晴：《双重股权架构的香港实践》，《中国金融》2018 年第 11 期。

险防范措施来预防这种结构可能带来的风险隐患。2018 年 1 月，新加坡交易所就推出双层股权结构进行第二轮市场咨询，进一步探索包括考虑上市公司的商业模式、日落条款、资深投资者参股等相关保障措施。①2018 年 6 月 26 日，新加坡证券交易所正式修改了主板规则，正式确立了允许具有双层股权结构公司上市的制度。为了降低控制权人对中小股权的危害风险，委员会进一步提出五项建议：第一，采用双层股权结构公司超级表决权与普通表决权的投票权比例不能超过 10∶1；第二，超级表决权事项仅允许企业在首次公开上市时采用，企业如果在上市时没有采用双层股权结构，那么其上市之后不允许再选择采用双层股权结构；第三，控制权股东并非在任何情况下都可以行使超级表决权，例如在选举企业独立董事时，各个股东所享有的投票权权利一致，均为一票一权；第四，拥有企业控制权的股东所享有的超级表决权股票具有人身性质，当持有超级表决权股票股东在企业中的职务发生变化时，所持有的超级表决权股票将自动转化为普通股；第五，采用双层股权结构的企业必须严格依照企业治理守则，一律按照"若不遵守则必须解释"执行。

二　中国香港双层股权结构制度演变：允许—禁止—审慎推进

在港股市场，"同股不同权"也存在过一段时间。该制度于 1970 年在港交所兴起，不过实行期间出现了公司治理、企业控制权斗争乱象，因此该制度仅存活 20 年左右时间。据统计，1872 年至 1987 年之间，香港证券交易所曾批准过十多家上市公司发行 B 股，但由于引起市场混乱，港交所于 1989 年取消批准 B 类股上市。随着阿里巴巴赴纽约证券交易所上市，港交所对是否应该允许双层股权结构上市的讨论达到了一个新的高度。其实早在 2013 年，阿里巴巴先是跟港交所就上市方案进行沟通，方案中就提出希望可以实行公司上市后核心管理人员对

---

① 傅穹、杨金慧：《不同投票权制度：争议中的胜出者》，《证券法苑》2018 年第 2 期。

公司有效控制的合伙人制度，这项制度所涉及的核心管理人员是包括马云在内的合伙人，公司上市后他们通过提名大部分董事从而实现实质性控制，但是此项申请遭到港交所的拒绝。这一事件对香港证券交易所而言无疑是巨大损失，其实港交所在此之前就一直思考一个问题：港交所是否应该重新接受"双层股权结构"公司的上市申请。如果说香港一直保持一个拒绝的态度，那错失的可能就不是一两个优质企业，而有可能是资本市场蓬勃发展的机会。于是，2014年8月，香港交易及结算所有限公司发布了《概念文件——不同投票权架构》，向全社会人士就不同投票权架构及其他相关事项公开征求大众意见。2017年6月、12月，以及2018年2月，香港联交所接连发布关于设立创新板的咨询文件、咨询总结以及新兴及创新产业公司上市制度咨询文件，对其主板上市规则进行修订，允许采用双层股权结构的创业公司上市。2018年4月，联交所正式发布了第119次修订的《新主板上市规则》，增加了"同股不同权"制度。联交所主板上市规则修改后，就迎来了采取"同股不同权"制度的中概股，如小米集团（HK.01810）、美团点评（HK.01810）等。

三　日本双层股权结构制度演变：禁止—允许

二战前，日本公司法对双层股权结构持完全否定和禁止的态度。二战之后，由于受到外国资本的冲击和影响，日本公司以法人交叉持股为核心的稳定股权结构逐渐瓦解。为了抵御外国资本的侵蚀，保持本国公司原有创始人、控股股东对公司的控制力，维护日本公司在国际上的独立性和竞争力，日本对"一股一权"的单一股权结构制度进行了重新评估，并于2005年5月开始实施《日本公司法》。其中的第108条规定："股份公司可以发行两种或两种以上种类的股份，不同种类股份在利润分工、剩余财产分配和表决权等问题上可以有所不同。"此次修订意味着日本公司法开始认可种类股制度，目的在于改变二战后经济萧条状态，从而保障日本公司在未来的资本市场中稳健发展。2008年，日本东京交易所允许双层股权结构上市。2014年，日本首家采取双层股权架构的公司 Cyberdyne 在东京证券交易所上市。[①] 为保护中小股东权益，东京交易所在上市规则中明确列举出对股东权利不当限制的各种事项，并将根据个案进行单独审核。如果发现损害股东权益的情况，可根据上市规则终止公司的上市资格。

案例 ···

Cyberdyne 公司的双层股权结构设计

（一）公司简介

Cyberdyne 公司是一家日本机器人技术公司，属于医疗保健设备行业。2001 年，日本筑波大学三阶吉行（Yoshiyuki Sankai）教授和他的研究小组才正式推出了 HAL（Hybrid Assistive Leg）系列混合助力腿外骨骼机器人。哈尔治疗与机器人套装 HAL 为患者提供了脑功能、神经和肌肉疾病包括脊髓损伤和脑栓塞的改善医疗卫生服务。哈尔拟合是一种科学的体能训练，使佩戴者的机器人套装 HAL 可以按照他或她的意志进行腿部练习、站起来、坐下来和步态等训练。2004 年，在日本政府资助下，Sankai 教授创立了 Cyberdyne 公司，旗舰产品 HAL 于 2005 年首次亮相于爱知世博会，是日本最著名的机器人外骨骼。2008 年 HAL 正式发布，2013 年成为全球首个获得安全认证的机器人外骨骼产品。2014 年 3 月，Cyberdyne 在东京证券交易所创业板上市，是日本首家生产医用及社会福利事业用机器人的公司上市。公司 2013 年接收到诊所使用的 CE 认证，积极推广到欧洲的市场，2018 年获得美国 FDA 认证。

（二）Cyberdyne 公司的双层股权结构

Cyberdyne 公司发行的双层股权结构包括超级表决权股和普通股，

---

① Toshima, K., "Cyberdyne's Dual-class IPO", *International Financial Law Review*, 2014.

超级表决权股与普通股的投票权比例为 10:1，创始人三阶吉行持有 39.7% 的超级表决权股，但却拥有 86.4% 的投票权，使公司的控制权牢牢掌控在自己手中。Cyberdyne 公司设计双层股权结构制度的初衷主要是想确保机器人技术只被用于和平和非军事的用途，希望公司的发展战略能与自己的预期保持一致。

四　关于亚洲引入双层股权结构制度的简评

整体来看，亚洲国家整体对双层股权结构持保守态度，长期以来坚守"同股同权"原则。但是进入 21 世纪后，随着经济实力的增强和资本市场的现实需求，越来越多的亚洲国家或地区开始探索差异化表决权的可能性，允许采用双层股权结构制度的公司上市。新加坡和中国香港地区是两个典型的案例，其中，新加坡证券交易所于 2018 年 6 月 26 日正式修改了主板规则，正式确立了允许具有双层股权结构公司上市的制度，香港联合交易所于 2018 年 4 月正式发布了主板上市规则，增加了"同股不同权"制度。从当前亚洲资本市场对于双层股权结构的监管实践来看，证券交易所对采用双层股权结构上市的态度逐渐趋缓，但为了避免这种制度的缺陷，通常设置了比较严格的审查和监管措施。

第五节　国际资本市场经验启示

双层股权结构在美国已有近百年的发展历史，在这近百年的时间里，美国三大证券交易所对双层股权结构所持的态度反复变化。日本、新加坡和我国香港地区对双层股权结构的看法也呈现出曲折发展的过程。从国际资本市场对双层股权结构制度的曲折发展过程可以看出，任何一项制度的创新与发展都是随着经济社会水平而不断调整的，反映出来深刻的现实需求和监管部门的慎重考量。对包括双层股权结构在内的制度评价并不是非黑即白的，而是根据本国的经济体制、经济发展程度、资本市场成熟度、监管体制差异而呈现出不同的结果。因此，这一点对我国引入双层股权结构制度是一个重要的参考，那就是不能照搬套用，而是汲取国际资本市场的成功经验，并结合我国国情设计出符合我国企业需求的双层股权结构制度。

一 资本市场股权集中度及背后的公司治理水平

受不同资本市场股权集中度、公司治理水平的影响，境外对于允许双层股权结构公司上市资格的立场，呈现波浪式的发展历程。一般而言，在集中型股权结构的国家（如德国），公司治理首要解决的是大股东与中小股东之间的代理冲突问题，如允许双层股权结构公司上市，将会强化大股东"一股独大"的控制地位，加剧代理冲突。因此，在集中型股权结构的国家往往对于双层股权结构更为谨慎。但在分散型股权结构国家（如美国），公司治理首要解决的是管理层与股东之间的代理冲突问题，如果允许双层股权结构公司上市，可在一定程度上克服代理冲突，监控管理层。因此，在分散型股权结构的国家，一般对于双层股权结构制度呈温和或者积极支持的态度。此外，随着公司治理水平的提高，对于双层股权结构制度的接纳程度也会随之提升。在我国资本市场股权集中度不断下降，股权逐渐分散的趋势下，我国对双层股权结构的接纳程度也将随之提高。再加上，经过改革开放40多年来，大量的企业公司治理水平不断提高，实施双层股权结构制度的基础条件更为成熟。

二 为争夺上市资源开展监管制度竞争

可以发现，境外代表性市场的主流趋势是允许双层股权结构公司上市。这一现象并非偶然，背后的深层次原因是各个国家或地区为争夺上市资源而展开的日趋激烈的监管竞争。纽约证券交易所在20世纪80年代放开双层股权结构公司上市限制，主要是因为当时美国证券交易所、全美证券交易商协会均已允许此类公司上市，纽约证券交易所因而面临上市资源流失的巨大压力。新加坡交易所拟放开限制，目的也是想保持新加坡市场对外国上市公司的吸引力。2012 年设置双层股权结构的英国曼彻斯特联队原打算在新加坡证券交易所上市，但受新加坡法律的限制，最后转赴纽约证券交易所上市；2015 年新加坡仅有 13 家公司 IPO，其中主板市场仅 1 家，上市家数创下了新加坡证券交易所自 1998 年以来的最低纪录。香港交易所自阿里巴巴转赴纽约证券交易所上市后，历时数年、先后就不同投票权架构进行了数轮咨询，最终允许双层股权结构公司上市，主要目的仍不外乎继续保持香港国际金融中心地位，提高香港金融市场的国际竞争力。

随着全球资本市场的快速发展，每一个国家都不能故步自封，而是应该以更广阔的胸怀拥抱全球化，以越来越大的改革步伐跟随经济社会环境的快速变化，以适应全球激烈的竞争。[①] 许多国家和地区已经开始从立法上寻求突破，保证监管和引进资本的平衡，从法律及法规层面加强对投资者的保护。

三 资本市场有效性是一个重要前提

进一步看，一国资本市场的有效性和机构投资者的定价能力，决定了双层股权结构公司上市监管模式的差异。在允许双层股权结构公司上市的国家中，一般存在两种典型的监管模式，一是美国监管模式，二是日本监管模式。美国模式是仅允许在 IPO 时采用双层股权结构制度，上市后禁止采用。以纽约证券交易所为例，纽约证券交易所允许发行超级表决权股的双层股权结构公司 IPO，但禁止公司上市后以股份交换要约、特别分红、投票权转换等再资本化手段发行超级表决权股。其监管的重心在于，从双层股权结构的形成过程而非实质内容来判断公司能否保障公众股东意思表示的自由。IPO 时允许，因公众投资者事先知悉此种资本结构存在，既可要求风险折价补偿，也可选择不购买

---

① 罗丽婷：《上市公司双层股权结构问题及其构建》，硕士学位论文，江西财经大学，2019 年。

公司股票；上市后禁止，因公众投资者已无要求获得风险折价补偿的权利。日本模式是严格限制双层股权结构制度，并针对个案进行实质性审核。东京证券交易所目前仅允许发行无表决权股和普通股的公司上市，名义上禁止发行超级表决权股的双层股权结构公司上市，但通过日本公司法规定的单元股制度，仍可实质上达到使发行超级表决权股的双层股权结构公司上市的目的。为保护公众股东利益，东京证券交易所在其上市规则中明文列举"对股东权利做不当限制"的各种事由，并据此进行个案实质审核。一旦公司出现损害股东利益的情形，即可终止其上市资格。美、日模式的核心区别是各自资本市场有效性及机构投资者定价能力差异。美国市场是一个较强的有效市场，双层股权结构的信号效应能为市场所吸收，机构投资者定价能力强，公众投资者可以"搭便车"，故可以笼统地放开对双层股权结构公司上市的限制。而日本资本市场的有效性不及美国，机构投资者定价能力逊于美国，所以需要采取个案实质审核的方式保护公众投资者。

四 因存在制度风险需提前防范

双层股权结构因其可以发行不同投票权的股票，不可避免地存在着一定程度的风险，因此各国家或地区在使用这一制度过程中必须谨慎考虑制度存在的风险，并提出相应的防范措施。从国际主要资本市场对双层股权结构制度的规定来看，这些规则存在至少以下四点共性：第一，大多数国家和地区普遍允许公司在首次上市融资时设置双层股权结构，而禁止上市后通过各种方式再次设置双层股权结构；第二，大多数国家和地区资本市场对上市公司超级投票权股与普通股的投票权比例进行限制，一般以 1:10 为最高比例，避免毫无限制地规定超级投票权表决比例；第三，大多数国家和地区资本市场会对双层股权结构的退出机制做出规定，明确超级表决权股转化成普通股的情况；第四，大多数国家和地区资本市场会对超级表决权的适用范围进行限定，一般在对重大决策表决时可以使用超级表决权，在分红等其他情况下仍然需要按照"同股同权"的原则进行投票。

第六节　简要结论

本章分为五个主体节对双层股权结构制度的国际经验进行了全面的透视。分别从"全球主要交易所双层股权结构实践""美洲较为广泛地应用双层股权制度""欧洲各国对双层股权结构看法不一""亚洲各国或地区逐渐承认双层股权结构"以及"国际资本市场经验启示"五个层面进行了深入分析。

在"全球主要交易所双层股权结构实践"节，笔者将实施不同投票权制度的典型地区分为三个类别，分别为明确允许实施双层股权制度的典型地区、允许非上市公司实施双层股权制度的典型地区以及禁止实施双层股权制度的典型地区。笔者以全球20大交易所为例，考察了不同交易所对于引入双层股权结构制度的态度，得出结论认为在全球前20大证券交易所中，多数交易所经历了由坚持"同股同权"原则到"同股不同权"原则的转变，且当前已经有60%的重要交易所引入了"同股不同权"原则，允许上市公司设计双层股权结构架构。

在"美洲较为广泛地应用双层股权制度"节，笔者以美国和加拿大为例，着力分析了两个国家的双层股权结构制度的推行情况。其中，美国双层股权结构制度演变经历了由禁止到放松，再到允许的一般过程；加拿大双层股权结构制度已经演变为广泛应用的阶段。

在"欧洲各国对双层股权结构看法不一"节，笔者对德国、英国和法国的股权结构制度的演变进行了考察，得出结论认为，德国双层股权结构制度演变经历了从允许双层股权结构制度到限制双层股权制度，到最终的完全禁止双层股权结构制度的过程。英国双层股权结构制度演变经历了允许双层股权结构制度到减少双层股权结构制度的过程。法国的股权结构制度演变经历了由完全禁止双层股权结构到例外允许双层股权结构制度实行的基本过程。

在"亚洲各国或地区逐渐承认双层股权结构"节，笔者对新加坡、中国香港和日本三个国家或地区的双层股权结构制度演变进行了分析。

其中，新加坡双层股权结构制度演变经历了从禁止到允许的过程。香港特区的双层股权结构制度经历了由允许到禁止，再到当前的审慎推进的基本过程。日本双层股权结构制度演变经历了由禁止到允许的过程。

在"国际资本市场经验启示"节，笔者通过对典型国家或地区的双层股权结构分布和演变进行考察得出四个方面基本经验，认为资本市场股权集中度及背后的公司治理水平是决定各个国家或证券交易所是否推行双层股权结构制度的重要原因；为了争夺上市资源，证券交易所开展监管制度的激烈竞争，为引入双层股权结构制度创造了契机；资本市场有效性是一个重要前提，各个国家或地区需要结合自身资本市场的有效性对双层股权结构制度的引入做周全安排；双层股权制度的推行本身存在一定的风险，引入双层股权制度需要提前做好风险防范。

第四章

中国双层股权结构制度的积极实践

2013 年我国公司法围绕资本市场制度已做宽缓化处理，但仍未触及作为公司法制现代化不可或缺的重要环节——双层股权结构制度，因此尚未达到公司资本制度现代化的目标。不过，伴随着国际资本市场的发展以及来自双层股权结构实践的反推力量，我国将会渐进式地实现观念上的更新和制度上的完善。

第一节　我国法律法规有关双层股权结构的主要规定

目前，我国法律允许有限责任公司创设"同股不同权"的股权结构，而对股份有限公司进行限制，仅少数例外情况允许。此外，上交所科创板对双层股权结构上市的公司有明确的要求。

一　我国《公司法》的主要规定

截至目前，我国《公司法》一直都秉持着"一股一权"原则，这是我国《公司法》坚持股东平等原则的具体体现。根据我国现行《公司法》相关规定，对不同的公司类型，《公司法》的态度有所不同。对于有限责任公司，可以通过合意来设置股东表决权，而对于股份有限公司，仍明确要求每一股份一个表决权。具体地，《公司法》第 34 条明确规定，有限责任公司可以自主约定企业盈利分配方式及股东表决权所占比例大小，通过约定排除了法定的"一股一权"原则；第 42 条则反映了有限责任公司在不违反"一股一权"原则基础之上可以以公司章程规定的方式排除"一股一票"原则在公司中的运用。显然，在有限责任公司中，股东按照出资比例行使表决权是法定意义下的常态，但《公司法》允许有限责任公司章程对此做出不同的规定，且公司章程规定优先法定，这是有限责任公司股东意思自治的充分体现。但是我国《公司法》对于上市的股份有限公司，则规定了必须严格按照"一股一权"原则实施股权结构，禁止上市公司在公司章程中另行规定可适用其他股权结构的情况，这一规定主要体现在我国《公司法》第103条，"股东出席股东大会会议，所持每一股份有一表决权"即通常所说的"一股一权"原则；第126条规定，"股份的发行，实行公平、公正的原则，同种类的每一股份应当具有同等权利"。可以看出，我国现行《公司法》明确规定，不允许股份有限公司实行双层股权结构。

然而，《公司法》第131条授权国务院可以规定"公司法规定股份种类以外的股份"，这为我国双层股权结构制度的探索留有余地，法律不明确企业是否可以采用双层股权结构，而是将这一立法权交给国务院，由国务院自行决定，这也为双层股权结构制度在我国的实施留下一个发展的可能。（见表4-1）

表4-1　《中华人民共和国公司法》有关双层股权结构的主要规定

涉及条款	主要规定
第34条	股东按照实缴的出资比例分取红利；公司新增资本时，股东有权优先按照实缴的出资比例认缴出资。但是，全体股东约定不按照出资比例分取红利或者不按照出资比例优先认缴出资的除外。
第42条	股东会会议由股东按照出资比例行使表决权；但是，公司章程另有规定的除外。
第103条	股东出席股东大会会议，所持每一股份有一表决权。但是，公司持有的本公司股份没有表决权。
第126条	股份的发行，实行公平、公正的原则，同种类的每一股份应当具有同等权利。同次发行的同种类股票，每股的发行条件和价格应当相同；任何单位或者个人所认购的股份，每股应当支付相同价额。
第131条	国务院可以对公司发行本法规定以外的其他种类的股份，另行作出规定。

资料来源：笔者根据《中华人民共和国公司法》（2018年修订版）归纳整理。

二　我国行政法规的主要规定

我国对于股权结构的规定在法律中预留了空间，即我国股份种类采用法定主义，国务院可以对种类股做出相关规定。笔者认为，国务院出台补充性法规可以作为种类股的立法依据，同时也能够为双层股权结构提供直接的法律依据。

第一，优先股的另行规定。优先股，不享有表决权，同等地享有其他股权，并优先在股息分红中享受优先分红权。其意义是为了融资模式的多样化，而非双层股权结构保护创始人的美好愿景。优先股赋予持股人优先于其他普通股股东分配红利和剩余财产的权利，但其参与公司决策管理等权利受到限制，这种特点使优先股处于股权和债权的中间地带，兼具股权和债权双重性质。2013年11月30日，国务院发布《关于开展优先股试点的指导意见》，使我国迈出了"同股不同权"发展的第一步，为我国优先股的施行奠定了基础，这对于我国资本市场发展有着里程碑式的意义。2014年3月经证监会公布实施《优先股试点管理办法》，明确上证50、作为支付手段合并或收购其他上市公司、以减资为目的三类上市公司可以公开发行优先股，非上市公司可以非公开发行优先股。《优先股试点管理办法》是中国证监会的一次积极尝试，开创了《公司法》第131条适用的宝贵先例。

第二，同股不同权的另行规定。2014年4月16日，国务院办公厅印发《进一步支持文化企业发展的规定》，允许在国有传媒企业等少数特定领域通过探索实行国有资本优先股或国家特殊管理股等制度，对双层股权结构制度的类似机制进行了宝贵的尝试，进一步扩大试点空间。2018年9月18日，国务院发布《关于推动创新创业高质量发展打造"双创"升级版的意见》，为提高创业性科技企业盈利能力、国际市场竞争力以及创新能力等，统一规定允许创业创新企业采取差异化表决权的公司股权结构。该意见的发布标志着我国资本市场进入双层股权结构的新时代。

三 我国证券监督管理委员会的主要规定

2019年4月17日，中国证券监督管理委员会印发《关于修改〈上市公司章程指引〉的决定》，共计12章199条条款。其中第15条增加

1 款，规定"存在特别表决权股份的上市公司，应当在公司章程中规定特别表决权股份的持有人资格、特别表决权股份拥有的表决权数量与普通股份拥有的表决权数量的比例安排、持有人所持特别表决权股份能够参与表决的股东大会事项范围、特别表决权股份锁定安排及转让限制、特别表决权股份与普通股份的转换情形等事项。公司章程有关上述事项的规定，应当符合交易所的有关规定"[1]。《上市公司章程指引》(2019) 主要围绕存在双层股权结构上市公司章程进行规范，为促进采用双层股权结构的上市公司科学规范公司章程，提高公司治理水平，保护投资者合法权益迈出了坚实的一步。

四 我国上交所科创板上市制度的主要规定

2019 年 1 月，我国证监会分别发布《科创板首次公开发行股票注册管理办法（试行）》《科创板上市公司持续监管办法（试行）》，同时上交所发布《上海证券交易所科创板股票上市规则》，并于 2019 年 3 月正式实行，其中第四章第五节对中国版的"双层股权结构"做出了具体规定。当前科创板对双层股权结构的规定主要是四个方面：第一，持股比例限制。持有公司特殊表决权股份的公司创始人及股东在公司上市时及上市后必须持有公司全部股份的 10% 以上。同时，特殊表决权持有者，必须担任公司董事或作为公司的实际控制人并对公司的发展具有重大贡献。第二，表决权倍数限制。上市公司章程应当规定每份特别表决权股份的表决权数量。特殊表决权数应该相同，不得出现多种特殊表决权的情况，特殊表决权的投票倍数不得高于普通股份表决的 10 倍；公司在交易所上市后，不得在境外发行特别表决权股票，且不得改变特殊表决权的倍数。第三，特殊表决权退出限制。当上市公司特殊表决权持有者出现转让、继承特殊表决权及不再担任公司董事以及实际控制人、丧失经营决策能力时，特殊表决权按照 1∶1 的比

---

① 中国证券监督管理委员会：《【第 10 号公告】关于修改〈上市公司章程指引〉的决定》(2019 年 4 月 17 日), 2020 年 2 月 11 日, http://www.csrc.gov.cn/pub/zjhpublic/zjh/201904/t20190417_354454.htm。

例转化为普通表决权股份。第四，特别决议的限制。上市公司的特殊表决权持有者，在股东大会行使特殊表决权对于修改公司章程、公司变更、聘请独立董事及注册会计师等事项决议时，特殊表决权应该按照普通表决权进行表决。

第二节　香港联合交易所的尝试

香港《公司条例》中有明确的规定，表决权应当按照《公司条例》或者公司章程中的约定行使。虽然香港在公司法层面允许双层股权的公司治理结构，但港交所由于以往失败实践而持否定态度。在 2013 年拒绝阿里巴巴递交的上市申请后，港交所反思双层股权结构的利弊后重新推出，新的制度设计更值得内地资本市场借鉴。

一　港交所双层股权结构经反复研究后再次推出

香港资本市场对双层股权结构并不陌生。19 世纪 70 年代，香港资本市场曾经允许 AB 股结构上市。但是后来，控制权争夺、损害中小股东利益等问题频频出现，1989 年港交所终止双层股权制度。在此后的时间，"同股同权"原则成为香港资本市场的核心价值观。司法上讲，香港《公司条例》并未强制性规定股份有限公司必须采取"一股一票"的表决方式，但 2018 年前香港联合交易所规定，上市的公司必须实行"一股一票"。

2013 年，港交所未通过阿里巴巴的上市申请。从港交所总裁李小加的文章《投资者保障杂谈》中，我们可以发现，港交所否决阿里巴巴这个优质公司赴港股上市的最主要原因就是其中的"合伙人制度"。[①]变相的双层股权结构制度不适于在港交所推行，主要原因是：第一，

---

① 李小加：《投资者保护杂谈》(2013 年 9 月 25 日)，2019 年 10 月 23 日，香港交易所（http://sc.hkex.com.hk/TuniS/www.hkexgroup.com/Media-Centre/Charles-Li-Direct/2013/Voices-on-investor-protection?sc_lang=zh-CN）。

港交所曾经推行过 AB 股制度，并不成功，并于 80 年代废除，认为"同股同权"才是保护投资者的基本原则；第二，香港资本市场目前没有集体诉讼制，且信息披露制度也不够完善，这些都是美国等资本市场成功推行双层股权结构制度的配套保障；第三，双层股权结构制度会破坏香港的监管体系。

错失阿里后，联交所开始反思，并于 2014 年 8 月发布《不同投票权架构概念文件》，向社会征询对于不同投票权架构的意见。经历几轮咨询后，香港证券交易所于 2018 年 4 月 30 日正式接纳"不同投票权架构"公司。这一上市制度改革被认为是港交所 25 年来最大的上市制度改革，有效吸引了新兴及创新产业企业来港上市。2018 年全年共有 28 家新经济企业[①] 在港上市，首次公开招股集资额达 1360 亿港元。小米成为香港放开制度约束后的第一个以双层股权结构上市的企业，随后又拥抱了美团等一大批中国互联网"独角兽"赴港上市。

二　港交所关于双层股权相关制度条款更加严格

与美国不同的是，香港联交所对"不同投票权"的限制更多更严格，对比纳斯达克和纽约证券交易所的规则，区别非常大。通过吸取以往失败的经验教训，香港在上市公司适用性、受益人资质、持股比例下限、投票权上限、转让和继承限制、强制一股一票的事项、信息披露、公司治理等方面均做了严格限定。主要限制在于：

第一，公司适用性。港交所规定，以不同投票权架构上市的公司具有较高的门槛。其预期市值至少为 100 亿港元，最近一年至少有 10 亿港元收入；若预期市值达 400 亿港元，则不设收入要求。

第二，受益人资质。不同投票权的受益人必须是申请上市时的公司董事，或代其持有不同投票权股份的有限合伙、信托、私人公司或其

---

① 根据国家统计局引发的《新产业新业态新商业模式统计分类 (2018)》（国统字〔2018〕111 号），新经济可以理解为新产业新业态新商业模式，具体包括现代农林牧渔业、先进制造业、新型能源活动、节能环保活动、互联网与现代信息技术服务、现代技术服务与创新创业服务、现代生产性服务活动、新型生活性服务活动、现代综合管理活动。

他工具。如果控制权被转让给另一人，或是受益人不再担任公司董事，无能力履行董事或不符合董事要求，则其不同投票权将终止。

第三，持股比例下限。对于不同投票权受益人，其持股比例不得低于已发行股本的 10%，目的在于尽可能保证公司实际控制人与普通股东之间的利益一致。

第四，投票权上限。一方面直接规定每一股不同投票权不得超过普通投票权的 10 倍；另外，通过规定普通股股东拥有不少于 10% 的投票权，间接限制了不同投票权的投票权上限不高于 90%。

第五，转让和继承限制。首先规定了不同投票权对应的股份不具备上市资格；其次是通过规定"受益人必须为申请上市时的公司董事"，"转让即终止不同投票权"，"受益人若去世、不再担任董事、无能力履行董事、不符合董事要求，则其不同投票权应终止"，禁止了对不同投票权的转让和继承。

第六，部分事项强制一股一票。香港联交所规定，以下五种事项必须按照一股一票进行投票：（1）修订公司章程；（2）变动股份附加的权利；（3）委任或罢免独立非执行董事；（4）聘任或辞退会计师；（5）上市公司自愿清盘。

第七，信息披露。香港联交所规定，不同投票权公司需要按照以下三点要求披露双层股权结构信息：（1）股份名称结尾加 W（weighted voting rights）以作为标识；（2）在所有公开披露材料中明示为"具不同投票权控制的公司"，并在上市文件和财报中详述不同投票权的架构、理由和风险；（3）定期披露不同投票权架构、摊薄效应、可能终止的情形以及报告期的变化。

第八，公司治理。香港联交所对不同投票权公司的公司治理做五点规定：（1）上市前，董事、高管、董事会秘书都必须接受不同投票权的相关培训；（2）提名委员会须由独立非执行董事担任主席；（3）须成立企业管治委员会，成员均为独立非执行董事；（4）每半年在企业管治报告中汇报相关重大事项；（5）须委任常设的合规顾问，向其咨询不同投票权架构事项的意见。

第三节　A 股存托凭证的探索

存托凭证的提出已经有 100 多年的时间，随着我国资本市场的发展，作为双层股权结构制度的重要实现形式，中国存托凭证制度实践也不断推出、发展和完善。为了对 A 股市场中国存托凭证的发展现状有一个大致把握，本节将对我国 A 股市场存托凭证制度的基本情况进行分析。

一　存托凭证和中国存托凭证的提出

存托凭证是在一国证券市场流通的代表外国公司有价证券的可转让凭证。比如，在美国上市的印度公司，将一定数量的公司股票托管在美国当地的保管银行，然后通过印度境内的存托银行，把拥有的这些股票打包发行存托凭证，相当于印度公司的股票化身，之后在印度资本市场上市，这样印度投资者就可以购买到境外上市公司的股票。存托凭证最初起源于美国，经过近百年的发展，已经成为一种常用的金融工具。[1] 根据有关研究披露的数据显示，截至 2018 年底，全球存托凭证交易份额已经超过 1565 亿股，价值超过 4.2 万亿美元，参与的机构投资者有 5294 家，发行人发行存托凭证 3049 只。

如图 4-1 所示，中国存托凭证（China Depository Receipts，简称 CDR）就是境外上市公司回国的一种可转让凭证，是将海外的部分股份通过银行托管，发行一种以人民币计价的替代凭证。在我国，发行 CDR 而不是直接发行 A 股，可以绕过诸多法律和政策障碍，还规避了《公司法》对"同股同权"的限制以及《证券法》对 IPO 的盈利要

---

[1]　樊友丹：《存托凭证的中资企业实践》，《投资研究》2019 年第 7 期。

求等。① 与此同时，发行中国存托凭证手续较为简单，缩短了 IPO 的排队时间，也避免了境外直接上市所导致的诸多难题。因此，发行中国存托凭证已经成为在国内上市和在海外上市的折中安排。中国投资者有机会投资优质"独角兽"企业，享受到这些企业高度成长所带来的收益，同时也表明我国资本市场积极融入全球金融市场的决心和勇气。

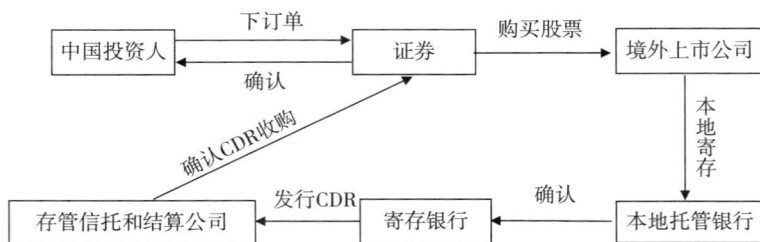

图4-1　中国存托凭证发行运营示意图

资料来源：笔者根据公开资料整理所得。

二　中国存托凭证发展

事实上，早在 21 世纪初期，我国证券监督管理委员会就开始积极探索是否可以采用这种方式将在海外上市的我国企业，尤其是"中字头"企业吸引回归国内资本市场，但是由于各种因素的局限，这样的一种创新性的探索并没有成行。2008 年，在发源于美国的国际金融危机等各种因素的推动下，我国又提出推进资本市场国际版的设想，积极尝试推进采用中国存股凭证的方式将在海外上市的 300 多家红筹股票回归国内资本市场的进程；但是，由于多方面的原因及阻碍，导致国际版的设想未能成行。近年来，随着我国国内资本市场的不断发展

① 2018 年 6 月 6 日，中国证监会审议通过《关于修改〈首次公开发行股票并上市管理办法〉的决定》，第 26 条规定，发行人应当符合五个条件：第一，最近 3 个会计年度净利润均为正数且累计超过人民币 3000 万元，净利润以扣除非经常性损益前后较低者为计算依据；第二，最近 3 个会计年度经营活动产生的现金流量净额累计超过人民币 5000 万元，或者最近 3 个会计年度营业收入累计超过人民币 3 亿元；第三，发行前股本总额不少于人民币 3000 万元；第四，最近一期末无形资产（扣除土地使用权、水面养殖权和采矿权等后）占净资产的比例不高于 20％；第五，最近一期末不存在未弥补亏损。

和完善以及我国在全球经贸往来中地位更加举足轻重，中国存股凭证的问题再一次被提出，这一轮的着力点就是把移动互联网不断普及之下所涌现出的一系列的科技型民营企业吸引回国内资本市场进行上市。一般而言，这些新经济企业很多采用的是 VIE 架构（协议方式实现海外上市主体对境内经营主体的控制权）。其中，很多企业存在 AB 股的安排，即"同股不同权"架构。发行 CDR 却绕开了盈利门槛的障碍，使得很多企业通过这种架构满足融资需求。

2018 年 3 月及 6 月，为了进一步加大资本市场对我国实施创新驱动发展战略的支持力度，秉承市场化、法制化的基本原则，我国证券监督管理相关部门在借鉴国际经验的基础上，发布了一系列的问卷，着力推进创新企业境内发行股票或存托股证的试点工作，包括《关于开展创新企业境内发行股票或存托凭证试点的若干意见》《公开发行证券的公司信息披露编报规则第 23 号——试点红筹企业公开发行存托凭证招股说明书内容与格式指引》《试点创新企业境内发行股票或存托凭证并上市监管工作实施办法》等一系列文件，这些文件的核心和重点就是允许存在投票权差异的红筹企业[1] 在 A 股发行 CDR 和 IPO 登陆国内资本市场，从而推进了我国 A 股市场引入"同股不同权"原则，加快了双层股权结构制度试点工作的步伐。

三　中国存托凭证企业实践

在我国，实施 CDR 的企业需要符合一定的条件，包括是不是国家战略鼓励的行业企业，是否掌握了核心的关键技术，是否具有较高的市场认可度，是否属于互联网、大数据、云计算、人工智能、集成电路、高端装备制造等行业企业，是否自身具有一定的规模等。对于那些不具备基本条件的企业而言，发行 CDR 则受到较为严格的限制。结合我国相关制度规定的推行 CDR 条件，笔者认为阿里巴巴、百度、京东、网易、腾讯等均具备较好的条件。其中，阿里巴巴是网络技术有

---

[1]　红筹企业：指注册地在境外、主要经营活动在境内的企业。

限公司，于 2014 年 9 月 20 日在美国纽约证券交易所挂牌上市；百度是搜索引擎企业，早于 2005 年 8 月 5 日就在美国纳斯达克证券交易所上市；京东是自营式电子商务平台企业，也于 2014 年 5 月在美国纳斯达克证券交易所正式挂牌上市；腾讯是计算机系统有限公司，于 2004 年 6 月 16 日在香港联交所主板上市。

为了积极吸引这些海外上市企业通过 CDR 的方式重返 A 股，我国有关部门甚至积极组织了数次公募基金发行了 1000 多亿元的 CDR 基金，专门用于海外上市公司回归 A 股。截至 2020 年 3 月 1 日，通过中国存股凭证的在国内资本市场募集资金的上市公司有 17 家，这 17 家上市公司涉及的总市值超过 7000 亿元，最大市值企业将近 2000 亿元（详见表 4-2）。

表 4-2　　　　　　　　中国存股凭证企业基本情况

编号	证券代码	证券简称	总市值（亿元）
1	600050.SH	中国联通	1700.2
2	002024.SZ	苏宁易购	863.97
3	601933.SH	永辉超市	823.06
4	600570.SH	恒生电子	772.55
5	002153.SZ	石基信息	414.46
6	600233.SH	圆通速递	392.27
7	002739.SZ	万达电影	336.71
8	002405.SZ	四维图新	335.82
9	300251.SZ	光线传媒	318
10	000158.SZ	常山北明	192.63
11	300113.SZ	顺网科技	185.03
12	300315.SZ	掌趣科技	181.72
13	000156.SZ	华数传媒	150.93
14	600827.SH	百联股份	130.74
15	300348.SZ	长亮科技	119.78
16	300027.SZ	华谊兄弟	103.15
17	601116.SH	三江购物	65.39
汇总			7086.41

资料来源：Wind数据库客户端（截至2020年3月1日）。

第四节　上海证券交易所科创板的探索

继科创板试点推行注册制之后，2019 年 3 月 1 日，我国正式开始全面推行证券发行注册制的证券发行制度。除了积极引领我国证券发行制度改革之外，我国科创板还推出带给资本市场上市制度创新的另一个显著变革，那就是"表决权差异安排"，即允许上市公司发行双层股权结构股票。这意味着在我国资本市场中奉行了近 30 年的"同股同权"原则将被"同股不同权"原则所取代。

一　科创板推出双层股权结构制度的重大意义

第一，A 股可以留住更多优质科创企业，提高投资者的投资效益，强化 A 股整体的融资功能。大量中国科创企业由于其特殊股权结构而被 A 股市场拒之门外，纷纷奔赴美国或香港寻求上市，致使国内资本市场流失大量优质科创企业。截至 2017 年 12 月 31 日，中国上市公司中 TMT 行业①企业占 A 股总市值比重仅 19.84%，远低于美国 TMT 行业占美股总市值的比重 39.63%。过去国内的投资者投资科创企业，只能通过港股通或是 QDII 的途径，无法享受到这些高科技本国企业的发展成果和上市带来的财富效应。而科创板允许"同股不同权"企业上市，在留住更多中国优质科创企业的同时，也能够给中国的投资者带来更多投资机会，改善 A 股的投资环境，增强 A 股的财富管理功能。

第二，"同股不同权"制度有效地避免了企业内部的股权斗争，有利于企业的长远发展。如果因为股权架构不合理，没有人能够绝对控制公司，可能出现内部股权斗争，最终影响公司发展战略。比如真功夫，就曾出现蔡达标和潘宇海两个大股东各占 50% 股份的情形。双方展开股权斗争，最终以蔡达标出局而结束。2007 年真功夫曾宣称要在 2010 年底前开设 1000 家连锁店并实现上市，可如今距离上市还是遥遥

---

① TMT 三个字母分别是 Telecommunication（电信），Media（媒体）和 Technology（科技）三个单词的缩写；TMT 行业一般代表未来新兴产业，是社会发展的大趋势。

无期。如果公司能够实行"同股不同权"的股权架构，保证某个或某几个创始人的绝对控制权，就能够避免内部股权争斗，从而把更多精力放在公司的长远发展上。

第三，"同股不同权"制度的推出对中国的资本市场地位的提升也有重要意义。大量优质企业的外流会加剧国内资本市场的边缘化，甚至导致国内股市"劣币驱逐良币"，资本市场进入空心化和边缘化的恶性循环。科创板允许"同股不同权"的企业上市，给科创企业提供了良好的发展环境，将更多优质科创企业留在 A 股市场，有助于树立中国国内资本市场在本土企业的融资、定价和风险分散等领域的主导地位，给中国的投资银行以及整个证券业务带来更多业务发展的机会。

二　科创板推出双层股权结构制度的主要内容

2018 年 9 月 18 日，国务院出台《国务院关于推动创新创业高质量发展打造"双创"升级版的意见》，明确允许科技企业实行"同股不同权"治理结构。2019 年 1 月 30 日，上交所发布《关于就设立科创板并试点注册制相关配套业务规则公开征求意见的通知》，其中在附件《上海证券交易所科创板股票发行上市审核规则（征求意见稿）》第四章第五节"表决权差异安排"中专门列出了"同股不同权"。2019 年 3 月 1 日，证监会发布《科创板首次公开发行股票注册管理办法（试行）》（以下简称《管理办法》）和《科创板上市公司持续监管办法（试行）》（以下简称《监管办法》），其中《管理办法》第 41 条和《监管办法》第 8 条进一步明确了"同股不同权"企业上市和信息披露的相关规则，"同股不同权"企业在科创板的上市规则越来越清晰。上海证券交易所、中国证券登记结算有限责任公司相继发布了科创板的一系列正式制度，其中明确允许科创板上市公司实行"同股不同权"制度。

科创板关于双层股权结构的上市规则一共有 15 个条款，在市值要求、资格要求、表决权差异限制、增发限制、普通表决权保障、转让限制和持续披露等多个方面对双层股权结构的制度安排进行规定。对比来看，上交所关于科创板"同股不同权"的上市规则与港交所较为相似。这 15 个条款在港交所基本都能找到相对应的条款，而且多数条款的内容都是一致的，只有部分条款内容有所区别。最新的《管理办法》和《监管办法》在信息披露方面做了进一步强调，但具体内容并没有更大的扩充。相比而言，港交所的规定更加全面，有些规定是科创板没有提到的，比如关于独立非执行董事和企业管治委员会的规定。这或许是由于科创板上市规则尚处于初运行阶段，后续规则还有进一步完善的空间。现从上市设置、市值要求、限制、转换及披露四个方面对科创板双层股权结构的规定进行分析。

第一，仅允许上市前设置。实现双层股权结构的方式主要包括换股要约、表决权转换、新股发行以及首发上市四种方式。[①] 我国科创板规定，发行人在首次公开发行并上市前允许设置表决权差异安排，需经出席股东大会的股东所持三分之二以上的表决权通过。如果科创板发行人在首次公开发行前没有设置表决权差异安排，上市后将不得以任何方式再设置此类安排。

第二，上市的市值要求。《科创板上市规则》第 2.1.4 条规定，具有表决权差异安排的发行人申请在上交所科创板上市，除符合上交所规定的其他上市条件之外，市值及财务指标还需符合下列标准之一：一是预计市值超过 100 亿元；二是预计市值超过 50 亿元，且最近 1 年收入超过 5 亿元。

第三，特别表决权股份的持有股东要求。持有特别表决权股份的股东应当为上市公司发展或者业务增长等做出重大贡献，并且在公司上市前及上市后持续担任公司董事的人员或者该等人员实际控制的持股主体；持有特别表决权股份的股东在上市公司中拥有权益的股份合计应当达到公司全部已发行有表决权股份 10% 以上。

第四，特别表决权限制。一是对股东主体资格的要求。根据《科创板上市规则》第 4.5.3 条规定，享有特别表决权的股东必须满足以下三个条件：首先，为了保证公司发展的稳定性，无论是在公司上市前还是上市后，享有特别表决权的股东均为公司董事或者为该等人员实

---

① 缪霞：《从科创板看我国双层股权结构的发展进路》，《区域金融研究》2019 年第 11 期。

际控制的股东；其次，特别表决权股东必须对公司的发展和业务增长起着至关重要的作用；最后，所有特别表决权的股东拥有的股份总额至少为公司全部已发行有表决权股份的10%。二是特别表决权股东的表决权比例。《科创板上市规则》参考国际通行做法，规定表决权差异倍数不得高于10倍，避免特别表决权股东与普通表决权股东的表决权相差过大而导致的两权分离程度过大，以及由此可能加剧的代理成本。三是特别表决权的适用范围。科创板规定，有权提议召开临时股东大会的股东拥有权益的股份数不得超过已发行有表决权股份数量的10%；有权提出股东大会议案的股东所需权益的股份数量不得超过已发行有表决权股份数量的3%；除公司章程规定的表决权差异外，普通股份与特别表决权股份具有的其他股东权利应当完全相同。

第五，特别表决权转换及披露。特殊表决权转换的方式包括永久转换和特定情形转换。如果满足永久转换条件，如不符合任职资格、失去持股控制、转让或授权他人、公司控制权变更（需全部转换），则需要按照1:1的比例转换成普通股。如果满足特定情形转换条件，如审议修改公司章程、改变差异安排比例（股东大会特别决议）、聘用独立董事、聘用会计师、公司合并、分离解散等事项时，需要按"同股同权"表决。在定期报告中持续披露特别表决权安排情况发生重大变化时应及时披露。（见表4-3）

表4-3　　　　　　　　　包含特别表决权的科创板制度

发布部门	制度名称	涉及条目
证监会	科创板首次公开发行股票注册制管理办法（试行）	第41条
	公开发行证券的公司信息披露内容与格式准则第41号——科创板公司招股说明书	第33条、第57条、第92条
上海证券交易所	科创板股票发行上市审核规则	第24条、第83条
	科创板上市保荐书内容与格式指引	第12条
	科创板股票上市规则	第四章 第五节 表决权差异安排 4.5.1—4.5.14
	科创板股票交易特别规定	第15条
	科创板股票交易风险揭示书必备条款	八、九

发布部门	制度名称	涉及条目
中国证券登记结算	科创板股票登记结算业务细则（试行）	第 12 条、第 13 条、第 14 条

资料来源：根据证监会、上海证券交易所、中国证券登记结算有限责任公司相关资料整理所得。

三　科创板推出双层股权结构制度的实践进展

2019 年 7 月上交所科创板开板，允许发行"同股不同权"架构股票上市。2019 年 9 月 27 日由上交所科创板上市委完成审议，12 月 24 日证监会同意即将 IPO 的优刻得采用双层股权结构架构，其设计的"特别表决权股"与普通股的投票权比例均为 5∶1。优刻得很有可能成为我国在科创板上市发行"同股不同权"的第一只股票，这是 A 股第一次接受"同股不同权"公司的上市申请，意义重大。

优刻得科技股份有限公司成立于 2012 年 3 月 16 日，是从事软件和信息技术服务业的一家高科技公司，在提供云服务支持等 IT 服务领域较为领先。2019 年 4 月 1 日，优刻得科技股份有限公司成为自科创板允许"同股不同权"公司申报以来，第一家存在表决权差异的科创板受理企业。申报书披露三位实际控制人持股比例合计为 26.82%，如果按照招股说明书公告的发行不低于 21.56% 的社会公众股，则实际控制人的持股比例被稀释为 22.06%，其对公司的控制能力将进一步被削弱。采用表决权差异安排制度后，三位实际控制人持有股份的表决权是普通股的 5 倍，发行前实际控制人的表决权比例高达 64.71%，发行不低于 21.56% 的公众股份后，实际控制人的表决权仍然高达 53.23%，公司的控制权将仍然牢牢掌握在他们手中。表 4-4 列示了优刻得采用特别表决权企业上市情况。具体来看：

第一，优刻得预计市值超 114 亿元，采用"同股不同权""50 亿市值 +5 亿营收"标准申报。优刻得是国内领先的中立第三方云计算服务商，自主研发并提供计算、存储、网络等企业必需的基础 IT 服务。2016 年至 2018 年公司营业收入分别为 5.16 亿元、8.40 亿元和 11.87 亿元。参考公司 2018 年 11 月融资 11 亿元的投前估值，公司预计市值不低于 50 亿元人民币。由于公司具有差异化表决权安排，因此采用"预计市值不低于人民币 50 亿元，且最近一年营业收入不低于人民币 5 亿元"的上市标准进行申报。

第二，A 类股表决权 5 倍于普通股，优刻得实际控制人表决权比例提高至 64.71%。自 2016 年拆除红筹架构以来，优刻得共计进行了 7 轮外部融资。至 2018 年 11 月优刻得融资时，公司实际控制人持股已被大幅稀释，季昕华、莫显峰、华琨三人合计持股比例仅为 26.82%，若公开发行则股份将被进一步稀释。2019 年 3 月 17 日，优刻得临时股东大会通过了设置特别表决权股份的议案。A 类股表决权为 B 类股的 5 倍，仅由季昕华、莫显峰、华琨三人持有。方案实施后，三人表决权的比例提高至 64.71%，即将发行后，表决权比例亦达 55.75%，有效保证公司控制权的稳定（详见图 4–2）。除持有人资格、AB 股股东表决权比例的要求外，优刻得的招股文件中同步规定了持有人所持有特别表决权股份能够参与表决的股东大会事项范围、特别表决权股份锁定安排及转让闲置、特别表决权股份与普通股份的转换情形等事项，保证了中小股东的利益。

第三，科创板向双层股权结构企业敞开大门，股权稀释的科创企业可积极考虑这一路径。国内科创企业中，因股权过于稀释而影响后续资本运作的企业不在少数。以 237 家满足科创板上市条件的新三板企业为例，第一大股东持股比例小于 25% 的有 39 家，占比 16.46%。同样，众多一级市场企业亦有同类要求。优刻得的上市申请获得上交所受理，一定程度意味着其设置"同股不同权"治理结构的过程得到上交所认可。一方面，从优刻得这一案例来看，满足上市条件的科创企业若想以"同股不同权"的结构赴科创板上市，只需股东大会通过相关方案并修改《公司章程》即可申报。另一方面，做好相关信息披露及治理规范工作可以提高上市审核的效率。

表 4-4   优刻得采用特别表决权企业上市情况

公司名称	主要业务	业绩（估值）	特别表决权	受理日期	采用上市标准
优刻得	为第三方云计算服务商，间接服务终端用户数量达到数亿人，客户包括互动娱乐、移动互联、企业服务等互联网企业，以及金融、教育机构、新零售、智能制造等传统行业的企业	2006年至2018年营业收入为5.2亿元、8.4亿和11.87亿元，归母公司净利润为−1.97亿元、7683万元、8032万元。2018年11月，公司最近一次融资投前估值为114亿元	共同控股股东、实际控制人季昕华、莫显峰、华琨三人符合持有A类股份的资格，共持有97688245股；共持有表决权数量488441225票，表决权比例64.71%	2019年4月1日	第二套标准（市值＋营业收入＋研发投入），预计市值大于等于114亿元

资料来源：优刻得科技股份有限公司招股说明书。

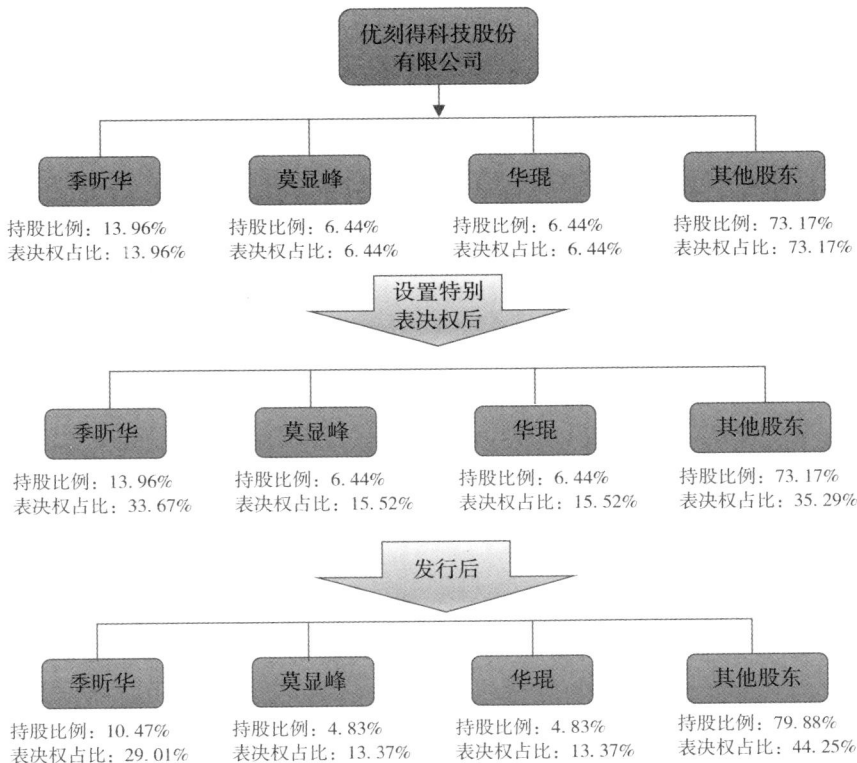

图4-2 优刻得股权结构变动图

资料来源：优刻得科技股份有限公司招股说明书。

四 科创板与联交所关于双层股权结构规定的对比分析

总体来说，科创板对"同股不同权"的制度设计更类似于香港交易所，但上市门槛更低。大的制度框架是基本一致的，主要差别集中在两个方面：第一，科创板的上市门槛比较低。科创板对"同股不同权"公司的上市最低市值门槛只需 50 亿元人民币，而香港交易所的市值门槛最低为 100 亿港元。第二，对公司治理的要求比较宽松。科创板对公司治理的要求还不够严格，只要求监事会在年度报告中，就特别表决权的特定事项出具专项意见。而香港交易所的要求就细致得多，包括上市前，董事、高管、董事会秘书都必须接受不同投票权的相关培训；提名委员会须由独立非执行董事担任主席；须成立企业管治委员会，成员均为独立非执行董事；每半年在企业管治报告中汇报相关重大事项；独立非执行董事须至少每三年轮流退任，可在三年任期完结时重新上任；必须委任常设的合规顾问，向其咨询不同投票权架构事项的意见。第三，科创板对特别表决权股东的资格更严格。香港交易所只要求是申请上市时的公司董事或其控制的实体，而科创板还要求该董事对上市公司发展或者业务增长等做出了重大贡献。第四，科创板对特别表决权的延续条件更严格。除了两者都有的如去世、离任、丧失履职能力、失去对持股主体的控制、将特别表决权委托他人行使等情况下，特别表决权将转换为普通股份，科创板还规定不满足最低持股要求或公司控制权变更时，特别表决权将失效。表 4-5 详细列示了科创板与联交所关于双层股权结构相关规定的对比。

表 4-5　　　　科创板与联交所关于双层股权结构的相关规定

	上海科创板	香港联交所
适用性	（1）预计市值不低于人民币 100 亿元；若预计市值不低于人民币 50 亿元，则最近一年营业收入不低于人民币 5 亿元。（2）只有新上市公司才能选择"同股不同权"	（1）预期市值至少为 100 亿港元，最近一年至少 10 亿港元收入；若市值达 400 亿港元，则不设收入要求。（2）只有新上市公司才能以"同股不同权"方式上市

	上海科创板	香港联交所
限制不同投票权	（1）首次公开发行并上市前设置表决权差异安排的，应当经出席股东大会的股东所持三分之二以上的表决权通过。（2）特别表决权股东必须是对公司发展或业务增长等做出重大贡献的上市公司董事或其控制的实体。（3）持有特别表决权股份的股东在上市公司中拥有权益的股份合计达已发行有表决权股份10%以上。（4）特别表决权股份不得在二级市场进行交易，但可以按规定转让，若转让，则特别表决权即终止。（5）除公司章程规定的表决权差异外，普通股份与特别表决权股份具有的其他股东权利应完全相同。（6）每份特别表决权股份的表决权数量应当相同，且不得超过每份普通股份的表决权数量的10倍。（7）特别表决权股东如去世、离任、丧失履职能力、失去对持股主体的控制、将特别表决权委托他人行使、不满足最低持股要求或公司控制权变更，则其特别表决权股份应转换为普通股份。（8）若改变特别表决权附带的投票权，需要三分之二股东通过（实际上允许减少）	（1）不同投票权受益人必须为申请上市时的公司董事会成员或其他控制的实体。（2）不得将不同投票权股份比例增至超过上市时该筹股所占比例。（3）不同投票权的受益人合计持股不低于已发行股份10%（预期超过800亿港元的比例由交易所决定）。（4）不同投票权若转让，则不同投票权即终止。（5）不同投票权对应的股份不具备上市资格，除投票权之外，其他方面的权利与普通股一致。（6）每一股不同投票权不得超过普通投票权的10倍。（7）不同投票权受益人如去世、不再担任董事、被交易所认为无能力履行董事、被交易所认为不符合董事要求，则其不同投票权应终止。（8）不得改变不同投票权股份类别的条款，以增加该类股份附带的不同投票权；减少需要交易所同意。（9）上市时的"同股不同权"受益人如果已无人拥有不同投票权股份，则不同投票权架构应终止。（10）若回购股份造成不同投票权比例上升，则应按比例减少其于发行人的不同投票权
保护同股同权股东	（1）普通表决权比例不低于10%。（2）部分重要事项必须一股一票。（3）持有10%有表决权股份的股东有权召集临时股东大会。持有3%有表决权股份的股东有权提出股东大会议案	（1）"同股同权"股东拥有不少于10%的投票权。（2）部分重要事项必须一股一票。（3）有权召集股东特别大会并加入议案的股东，最低持股比例不得高于总股本按照一股一票计算的10%
转化为普通股	特别表决权股份应当按照1:1的比例转化为普通股份	不同投票权股份转换为普通股，必须按照1:1比例进行。转换后的普通股上市须经交易所批准
信息披露	（1）交易所可以对具有表决权差异安排的股票或存托凭证做出相应标识。（2）在招股说明书等公开发行文件中，披露并提示差异化表决安排的内容、风险和对公司治理的影响，以及落实保护投资者合法权益的各项措施	（1）股份名称结尾加W以作为标识。（2）在所有公开披露材料当中明示为"具不同投票权控制的公司"，并在上市文件和财报明显位置详述不同投票权架构、理由和风险。（3）上市文件、年报、中报披露不同投票权受益人的身份，不同投票权股份转为普通股的摊薄效应、不同投票权将会终止的所有情形，以及报告期当中的变化情况

	上海科创板	香港联交所
加强公司治理	监事会应当在年度报告中，就特定事项出具专项意见	（1）上市前，董事、高管、董事会秘书都必须接受不同投票权的相关培训。（2）提名委员会须由独立非执行董事担任主席。（3）须成立企业管治委员会，成员均为独立非执行董事；每半年在企业管治报告中汇报相关重大事项。（4）独立非执行董事须至少每三年轮流退任，可在三年任期完结时重新上任。（5）必须委任常设的合规顾问

资料来源：笔者根据上海证券交易所、香港联合交易所相关资料整理。

第五节　简要结论

本章分为四个主体节对中国双层股权结构制度的积极探索进行了系统的分析。具体从"我国法律法规有关双层股权结构的主要规定""香港联合交易所的尝试""A 股存托凭证的探索""上海证券交易所科创板的探索"四个层面进行了深入的解析。

在"我国法律法规有关双层股权结构的主要规定"节，笔者分别从公司法、行政法规和我国科创板上市制度三个层面对有关双层股权结构相关制度进行了分析。其中，在《公司法》层面，尽管"同股同权"原则是现行公司法的基本规则，但是，如果股东之间能够就表决权委托达成一致做出安排，实质上相当于引入了双层股权结构制度。在行政法规层面，优先股制度、差异化表决权等制度的引入已经在事实上引入了立足于"同股不同权"原则的双层股权结构制度安排。在我国科创板上市制度方面，尽管限制条件比较严格，但是，"双层股权结构制度"已经进入我国政策层面。

在"香港联合交易所的尝试"节，笔者对从香港联交所双层股权结构制度引入的循环往复以及当前所推行双层股权结构制度基本内容等进行了详细分析。事实上，香港联交所早期已经将双层股权结构制度引入上市公司股权结构框架设计之中，只是后来又回到"同股同权"原则的制度框架之中；随着对阿里巴巴上市机会的错失，"同股不同权"原则下的股权结构制度开始再次受到香港联交所的重视和引入。不过，当前的双层股权结构制度推行受到严格的限制，包括公司适用性、受益人资质、持股比例下限、投票权上限、转让和继承限制、部分事项强制一股一票、信息披露、公司治理等。

在"A 股存托凭证的探索"节，笔者对中国存托凭证的提出、发展和企业实践进行了分析。由于既可以规避国内资本市场制度所存在的问题，也能够利用到海外资本市场的制度安排，我国很早就开始尝试引入中国存托凭证制度，以此作为推进我国资本市场进一步国际化、吸引海外投资企业回归的重要制度设计；但是，由于多方面的因素，我国在推进 A 股存托凭证的过程中一直发展较为缓慢。截至 2020 年 3 月 1 日，我国已经有 17 家企业通过 A 股存托凭证的方式回归 A 股，涉及金额超过 7000 亿元。

在"上海证券交易所科创板的探索"节，笔者对上海证券交易所推出科创板的重大意义、主要内容、实践进展等方面进行了阐释。科创板的引入不仅可以留住优质的科技型上市公司，而且有利于规避股东之间的权力争斗，同时，对于我国资本市场在国际上竞争力的提升具有重要的价值。我国科创板已经明确推出双层股权制度，但是由于尚处在探索阶段，所以仅在实施双层股权结构制度设计上市公司的市值要求、特殊表决权限制和转换等方面做出了明确的要求。同香港联交所相比，上交所科创板在上市门槛上要求比较低，对公司治理的要求也比较宽松；但是，在特别表决权股东的资格以及延续方面的限制更加苛刻。

第五章

采用双层股权结构上市的典型案例分析

　　无论已经明确允许公司开展双层股权结构框架设计的国家或地区，还是我国不断引入双层股权结构框架设计的政策创新，都反映了一个基本的事实，那就是立足于"同股不同权"原则的双层股权结构设计将成为未来各国资本市场发展的重要方向。政策层面的转变是为了顺应企业实践的新情况和新需求，那么在基本制度环境明确可以实施双层股权结构框架设计之后，是否有创新的举措呢？为此，笔者从企业层面分别选取三家西方企业和三家我国科创版上市企业为典型案例，对其双层股权结构设计以及双层股权结构设计背后的权力、义务分配进行了深入的分析。

第一节　西方企业采用双层股权结构上市的案例

　　双层股权结构在西方企业上市中采用的比较多，特别是 Google、Facebook 等越来越多的新兴企业选择发行双层股权结构上市，为的就是在不丧失控制权的前提下实现在资本市场上募集资金满足自身发展壮大的需求。尤其是随着互联网时代的到来，所谓的"资本雇佣劳动"的工业文明时代开始不断让位于"劳动雇佣资本"的知识经济时代。为此，本节在对美国采用双层股权结构上市的市值前 25 名上市公司基本情况进行概述的基础上，着重围绕 Google、Facebook、SNAP 三家典型企业开展详细的阐释。

一　美国采用双层股权结构典型企业概况

　　由于美国政策层面不仅允许非上市公司引入双层股权结构设计，而且允许上市公司引入双层股权结构设计，因此，在美国"同股不同权"原则已经成为资本市场上最重要的原则之一并得到社会的认可，涌现出许多双层股权结构公司。尤其是进入21世纪以来，随着互联网等基础设施建设不断展开，依托互联网的企业大量涌现和成长壮大。由于规模经济效应和网络效应，这些企业往往成长迅速；为了给企业的成长打下坚实的资本基础，这些企业就需要通过资本市场进行资金募集。然而，在传统的"同股同权"原则下，短时期募集大量的资金显然将使得创始股东所持有的股份急剧减少，从而威胁创始股东对于所创立公司的控制权。因此，对于这些公司而言，引入双层股权原则开展股权结构设计，能够在保持对所创立公司控制权的基础上，募集到推进自身更好地发展的资金，这成为这些企业选择引入双层股权结构设计的最重要的原因。从投资者的视角来看，当前，不仅许多个人投资者追求财务回报，属于典型的财务投资者；而且许多机构投资者也是将财务回报作为最重要的投资价值取向。如此一来，只要创始股东能够为投资者所投资公司创造更好的财务效益，那么对于投资人而言，放弃公司控制权并不是非理性选择。在这样的背景之下，美国双层股权结构上市公司大量出现。

在美国采用双层股权结构的市值最大的前25家上市公司中，12家是互联网、软件等高科技行业企业，占比48%。其中，Google、Facebook、LinkedIn是市值最大的3家公司，这些公司依托于互联网技术的发展和互联网基础设施的逐渐完善而不断发展壮大（详见表5-1）。

表5-1　　　美国采用双层股权结构的市值前25家上市公司

序号	公司名称	上市时间	彭博行业分类组别	主要业务	市值（百万美元）
1	Google	2004	互联网	互联网搜索引擎	374415
2	Facebook	2012	互联网	社交网络平台	138820
3	LinkedIn	2011	互联网	社交网络平台	25891
4	Groupon	2011	互联网	电子商务	7860
5	Zulily	2011	互联网	电子商务	5129
6	Yelp	2012	互联网	网络B2C平台	4846
7	Zillow	2011	互联网	电子商务	3210

续表

序号	公司 名称	上市 时间	彭博行业 分类组别	主要业务	市值 （百万美元）
8	VMware	2007	软件	虚拟化基础设施 解决方案供应商	38608
9	Workday	2012	软件	管理软件开发商	14536
10	Tableau Software	2013	软件	电脑软件公司	4077
11	Veeva Systems	2013	软件	能为基础软件 解决方案供应商	4000
12	SS&C Technologies Holdings	2010	软件	财务服务软件供应商	3759
13	MasterCard	2006	商业服务	支付服务供应商	100571
14	Vantiv	2006	商务服务	支付服务供应商	6329
15	Dick's Sporting Goods	2002	零售	体育及健康用品 零售商	7308
16	DSW	2005	零售	鞋履及配件专业零售商	3877
17	Visa	2008	多元化金 融服务	支付服务供应商	141756
18	Under Armour	2005	服装	运动服饰 及配件公司	9222
19	Hyatt Hotels	2009	住宿	酒店集团	7744
20	Coty	2013	化妆品 / 个人护理	香水及化妆品 制造商	5860
21	Spirit Aerosystems Holdings	2006	航天 / 国防	商用飞机结构 代工商	4930
22	WhiteWave Foods	2012	食品	植物性饮食零售商	3978
23	Dolby Laboratories	2005	娱乐	娱乐事业音频系统 供应商	3929
24	Clear Channel Outdoor Holdings	2005	广告	户外广告供应商	3636
25	Swift Transportation Company	2010	运输	运输服务供应商	3124

资料来源：（1）笔者根据《概念文件：不同投票权架构》① 研究报告整理所得；
（2）市值数据截至2013年12月31日。

———————

① 香港交易及结算所有限公司：《概念文件：不同投票权架构》（2014 年 8 月 29 日），
2019 年 12 月 20 日，https://www.hkex.com.hk/-/media/HKEX-Market/News/Market-Consultations/2011-to-2015/August-2014-Weighted-Voting-Rights/Consultation-paper/cp2014082_c.pdf。

二 Google 采用典型的双层股权结构成功上市

（一）公司简介

谷歌（Alphabet Inc.，原名为 Google Inc.），是谷歌及谷歌旗下各个子公司的控股公司，于 2015 年进行重组成立。公司总部设在美国加利福尼亚州，由谷歌的联合创始人拉里·佩奇（Larry Page）和谢尔盖·布林（Sergey Brin）分别担任 CEO 和总裁。Alphabet 涉足各个领域，包括技术、生命科学、资本投资和研究等。其子公司包括 Google、Calico、GV、Google Capital、Google Fiber 等。其中谷歌公司的主要业务领域为互联网搜索、云计算、广告技术等，同时开发并提供大量基于互联网的产品与服务。Google 目前被公认为是全球规模最大的搜索引擎，提供了简单易用的免费服务。2015 年 10 月 2 日，公司名由 Google Inc. 变更为 Alphabet Inc.。

2009 年以来，公司规模和盈利性整体呈现出增长趋势。2009 年，谷歌公司的营业收入为 236.51 亿美元，当年的利润为 65.20 亿美元。到了 2018 年，公司的营业收入和利润分别增加到 1368.19 亿美元和 307.36 亿美元。2009 年至 2018 年 10 年间，公司的营业收入和利润分别增长 5.79 倍和 4.71 倍。根据《财富》杂志所披露的数据显示，2018 年，谷歌公司在世界五百强的排名为第 52 位，处于较高的水平。（见图 5-1）

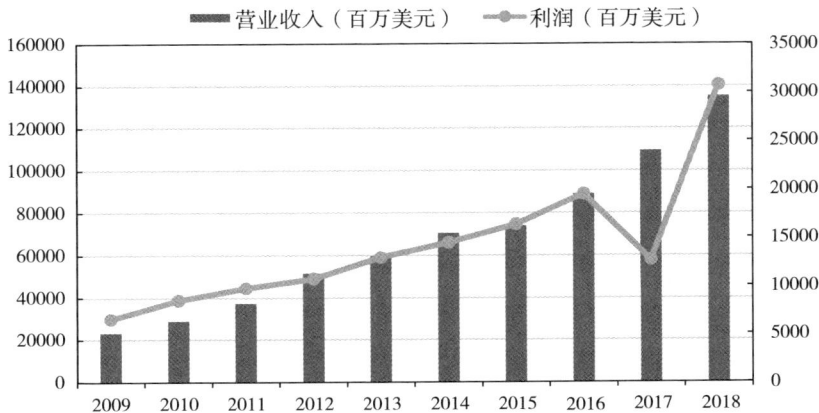

图5-1　谷歌公司2009年到2018年营业收入和利润变化

数据来源：笔者根据《财富》杂志以及其他公开渠道收集整理。

（二）双层股权推进过程和基本情况

谷歌公司在 2004 年上市之前，为了规避公司在募集资金过程中可能对公司控制权的稀释，对原有的股权结构制度进行变革，引入双层股权结构设计机制。基本操作是将公司的股票分为两个基本类别，分别为 A 类普通股和 B 类超级表决权股。

具体来看，A 类股票持有人为所有的外部投资人，每个股票拥有一个投票权。与之相对，B 类股票持有人为公司的创始股东和高层管理人员，包括 Google 公司的创始人布林和佩奇以及 Google 公司的前 CEO 埃里克·施密特（Eric Emerson Schmidt），每个股票拥有 10 个投票权。显而易见，作为外部投资者的股东同作为公司创始人及公司高层管理者所持有的股票就是"同股不同权"，比如，同样 1 个股票，如果是外部投资者，所拥有的表决权仅为 1；如果是公司的创始人股东，那么所拥有的表决权就是 10。不过，需要指出的是，尽管在 A 类股份和 B 类股份之间表现出明显的同股不同权的状况，但是，无论是在 A 类股份内部，还是在 B 类股份内部，则是表现出明显的"同股同权"的特征。在 Google 公司的案例中，所有持有 A 类股份的外部投资者"同股同权"，所有持有 B 类股份的公司创始人以及部分高层管理人员"同股同权"。据有关统计显示，实施双层股权之后，Google 的创始人和部分高层管理人员所持有的 B 类股票占发行股票的 1/3，可以说牢牢地把握了对于 Google 公司的控制权。

在 Google 公司上市之后，Google 又对自身的股票进行了拆股，拆出来的股票为没有任何投票权的股票。如此一来，Google 公司的双层股权结构就变成了三层股权结构，即拥有一股一票的 A 类普通股，拥有一股十票的战略股（创始股），以及没有任何投票权的 C 类无投票权股。

（三）实施双层股权结构效果讨论

显而易见，从理论视角来看，Google 公司的双层股权结构设计以及此后的三层股权结构设计，确保了公司在未来一段时期募集资金需求的同时，又不丧失对公司的控制权，具有多方面的效果和价值。

一是较好地满足了公司发展募集资金的需要。Google 公司在上市之前已经实施双层股权结构，通过推出具有较低投票权的 A 类普通股份和具有超级投票权的 B 类超级投票权股份，在很大程度上能够通过 B 类普通股份的推出，满足自己在发展过程中的资金需求。Google 公司上市之后，公司规模进一步发展壮大，公司又对股票进行分拆，推出不具有任何投票权的 C 类无投票权股票，从而在某种意义上完全解除了公司在资本市场上进行融资可能导致的投票权稀释。

二是较好地保护了公司创始人股东和部分高层管理人员对于公司的控制权。Google 公司在上市之前就引入了双层股权结构机制，在走进资本市场之后，根据公司发展的需要，又引入三层股权的股权结构设计机制。由于公司创始人股东和部分高层管理人员所持有的股份是具有超级投票权的战略股份，所以，能够确保公司的创始和部分管理者具有控制公司的充分投票权。尤其是随着三次股权结构机制的引入，在某种程度上彻底斩断了募集资金对于投票权稀释的可能性。

三是为公司发展创造了良好的外部环境。由于公司的控制权牢牢地掌握在公司创始人股东和部分高层管理人员的手中，所以，尽管从股份的视角来看，外部投资者或者资本市场投资者可能掌握公司较大份额的股份，但是，由于这些股份背后的投票权较低，或者根本没有投票权，所以，无法左右公司的决策。如此一来，这些外部投资者尤其是资本市场投资者就不会对公司的运营产生过高的压力，从而也相当于在 Google 公司和公共市场之间建立起了一堵隔离墙，使 Google 公司免遭外部压力。

四是确保公司高管能够专注于公司的长期最佳利益。从 Google 公司创始人股东和高层管理人员的视角来看，由于牢牢地控制着公司的决策权，所以，公司的创始人和高层管理人员可以根据自己的判断、根据公司的长期最佳利益，做出战略决策，从而能够保障公司的发展一直处于正常轨道，不至于因受到外部的压力而做出不符合企业长期利益的决策。比如，在 Google 公司的发展历程中，公司开发出了一系列的产品，这些产品包括谷歌眼镜、自动驾驶汽车等。由于这些创新性的产品在短期内都不会盈利,所以,站在一般投资者的视角尤其是短期投资者的视角来看,这些投资影响收益,不应该进行相应的投资,但是,这是符合公司长期发展的投资项目;因此,之所以 Google 公司还是做出了看起来在短期不符合公司利益、影响公司财务绩效的决策,同时做出了长期对公司的发展至关重要的决策,正是由于公司的投票权牢牢地掌握在公司创始人和部分高层管理人员的手中。

三 Facebook 采用双股制 + 表决权代理成功上市

(一)公司简介

Facebook(脸书,或者脸谱网)是美国的一个社交网络服务网站,创立于 2004 年 2 月 4 日,总部位于美国加利福尼亚州门洛帕克。主要创始人是马克·扎克伯格(Mark Zuckerberg)。从 2006 年 9 月 11 日起,任何用户输入有效电子邮件地址和自己的年龄段,即可注册使用。Facebook 引发了线上照片、视频、状态等分享热潮,并在世界同类网站中排名领先。数据显示,截至 2012 年 5 月,Facebook 拥有约 9 亿用户。截至 2013 年 11 月,Facebook 每天上传约 3.5 亿张照片。

2009 年以来,公司规模和盈利性整体呈现出指数型增长态势。2009 年,Facebook 公司的营业收入为 7.77 亿美元,当年的利润为 2.2 亿美元。到了 2018 年,公司的营业收入和利润分别增加到 558.38 亿美元和 221.12 亿美元。2009 年至 2018 年的 10 年间,公司的营业收入和利润分别增长 70.86 倍和 96.56 倍。根据《财富》杂志所披露的数据显示,2018 年,Facebook 公司在世界五百强的排名为第 184,处于较高的水平。2019 年 10 月 23 日,2019《财富》未来 50 强榜单公布,Facebook 排名第 49。(见图 5-2)

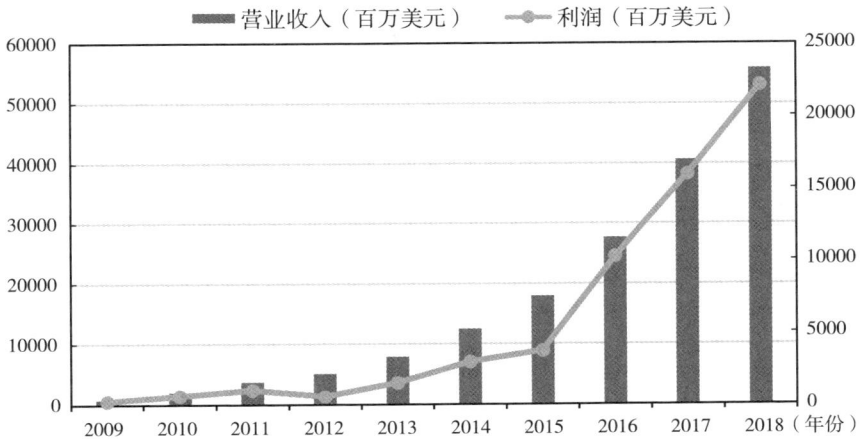

图5-2 Facebook公司2009年到2018年营业收入和利润变化

数据来源：笔者根据《财富》杂志以及其他公开渠道收集整理。

（二）双层股权推进过程和基本情况

Facebook 公司的双层股权结构机制的引入包括两个层面，第一个层面就是真正意义上的双层股权结构机制，第二个层面引入表决权代理协议。

在真正意义上的双层股权结构机制引入方面。2004 年 Facebook 成立时，扎克伯格、萨维林和莫斯科维茨分别拥有 65%、30% 和 5% 的股权。2004 年 6 月，帕克加入并出任 CEO，Facebook 重组，扎克伯格、萨维林、莫斯科维茨和帕克的持股比例变为 51%、34.40%、6.81% 和 6.47%。根据 Facebook 2012 年公布的招股说明书，从 2004 年创立企业到 2012 年 IPO 前，Facebook 经历了 12 轮融资，创始人扎克伯格的持股比例从 65% 下降到 28.4%。但是，2009 年，公司对股权结构进行了调整，设计实施了双层股权结构。按照公司股份的性质，公司股份划分为两个类别，分别是一股一票的 A 类股票和一股十票的 B 类股票。A 类股票的主要持有对象或者具有持有资格的人员是外部投资者，B 类股票的主要持有对象是包括扎克伯格在内的公司部分高层管理人员。还需要特别指出的是，即使持有 B 类股票的高层管理人员，如果将 B 类股票在公开市场上进行出售，那么 B 类公司股票也将自动转变为仅具有一股一票的 A 类股票。所以,从某种意义上说,B 类股票的出售将进一步增加剩余 B 类股票持有人的表决权。

在第二个层面的表决权代理协议方面。Facebook 公司在进行前十轮融资过程中,要求所有的投资者必须签订"表决权代理协议",也就是说同意将持有股票的表决权授权给扎克伯格代表其进行投票。在某种意义上,这种"表决权代理协议"的机制安排进一步增强了扎克伯格等公司高层管理人员的表决权。据统计,通过"表决权代理协议"的方式,扎克伯格进一步获得了 Facebook 30.5% 的代理投票权,再加上扎克伯格所持有的 28.4% 的 B 类股票,从而使得扎克伯格本身所持有的投票权达到将近六成,为 58.9%。

通过真正意义上双层股权结构机制的引入以及表决权代理协议的制度的引入,使得公司在获得进一步发展所需资金的基础上,不至于丧失公司的表决权,从而确保扎克伯格等管理者在持有公司股份少于 10% 的情况之下,依然能够牢牢地掌握公司的控制权。

(三)实施双层股权结构效果讨论

Facebook 公司所实施的双层股权结构包括真正意义上的双层股权结构以及"表决权代理协议"两个层面,两个层面的双层股权结构设计对于 Facebook 的运营和发展均具有重要的意义和价值。

一是双层股权结构机制的引入和创新满足了公司融资需求。无论是 A 类股票和 B 类股票表决权转换机制的引入,还是"表决权代理协议"的签订,均有效地规避了随着融资金额的提高,对于公司表决权所带来的稀释。如果说 AB 类双层股权结构机制的引入也可能在一定程度上稀释公司高层管理人员的表决权,那么"表决权代理协议"则完全规避了随着募集资金的增加而对公司管理人员所造成的实质性的表决权的丧失。

二是双层股权结构保持了公司管理者对于公司相对稳定的控制权。Facebook 公司的表决权大部分集中在扎克伯格等高层管理人员手中,无论是通过 AB 类股票的发行进行融资,还是通过表决权代理协议进行融资,均没有实质性地降低扎克伯格等高层管理人员对于公司的控制。

所以，双层股权结构机制的引入以及表决权代理协议的设计保持了公司管理者对于公司控制权的相对稳定。

三是避免了短期外部盈利的压力。一般而言，对于资本市场公开上市的公司而言，短期的盈利压力非常大，上市公司必须保持短期的盈利水平，否则可能导致股票价格的降低，从而不利于公司在资本市场上获得更高的融资，从而不利于公司的进一步发展。如果公司短期亏损，那么在"同股同权"原则下，公开市场持有公司股份的投资者不仅可以通过用脚投票的方式对相关企业进行施压，而且还可以通过公司治理机制的参与，利用所持有股票背后代表的投票权对于公司的管理施加实质性的影响。所以，如果这些资本市场上的投资者由于 AB 类股权机制的设计而不具备足够的投票权，那么对于公司管理人员而言就规避了短期外部盈利的压力。

四是维护了独特的企业文化，保持了公司长远发展的活力。创始人在建立发展企业的过程中形成了独特的企业文化，可以凝聚员工，促进企业发展。[1]扎克伯格在 IPO 前的公开信中曾说道："Facebook 的创建是为了践行一种让世界更加开放，更加紧密相连的使命，通过黑客文化（Hacker Way）来建设更加富有价值的企业。"在这种文化驱动下，Facebook 收购 WhatsApp 仅用了 11 天的时间，也正是因为这种文化，才使得 Facebook 仅花费不到十年的时间而成长为互联网巨头，为股东带来丰厚的回报。Facebook 对于双层股权机制的引入为公司开展战略决策、做出长远的布局打下了坚实的公司治理机制基础，从而确保公司能够随时根据外部环境的变化做出战略性的决策，从而始终保持公司在开展决策运营过程中的活力和生命力。

四　SNAP 公司推出三层股权结构在纽交所上市

（一）公司简介

SNAP Inc. 成立于 2010 年，总部位于加利福尼亚州的威尼斯。公司

---

① 李海英、李双海、毕晓方：《双重股权结构下的中小投资者利益保护——基于Facebook 收购 WhatsApp 的案例研究》，《中国工业经济》2017 年第 1 期。

的旗舰产品 Snapchat（色拉布）是一款相机应用，帮助人们通过短视频和图像获得资讯。这些短视频或图像被称为快照（snap），而该软件的用户自称为"快照族"（snubs）。每天平均有 1.58 亿人使用 Snapchat，超过 25 亿照片被创建。Snapchat 应用最主要的功能是将所有照片都转化成一个 1 至 10 秒钟的小视频，用户拍了照片后可以发送给自己的好友，这些照片会根据用户所预先设定的时间按时自动销毁。而且，如果接收方在此期间试图进行截图的话，用户也将得到通知。2016 年 9 月，Snapchat 公司更名为 SNAP Inc.。

2015 年以来，公司营业收入稳步增长。2015 年，当年营业收入为 0.59 亿美元，到了 2016 年猛增至 4.04 亿美元，2017 年，又在 2016 年的基础上增加到 8.25 亿美元。2018 年和 2019 年，营业收入分别增加到 11.80 亿美元和 17.16 亿美元。尽管营业收入稳步增加，但是，Snap 公司的损益波动却比较高。2015 年，公司亏损金额为 3.73 亿美元，2016 年公司亏损扩大到 5.15 亿美元。2017 年，公司亏损甚至增加到 34.45 亿美元，2018 年和 2019 年，公司亏损金额不断下降，当年亏损金额分别为 12.56 亿美元和 10.34 亿美元。（见图 5-3）

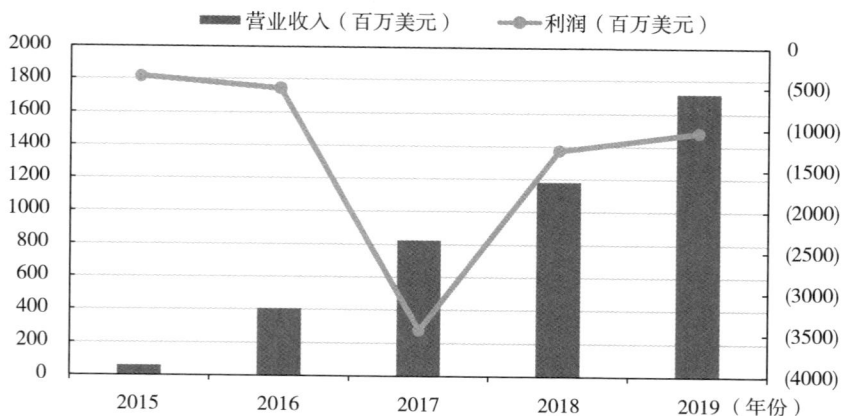

图5-3　SNAP公司2015年到2019年营业收入和利润变化

数据来源：笔者根据SNAP公司财务报告整理。

（二）三层股权推进过程和基本情况

2017 年 3 月 2 日，著名手机应用 Snapchat 的上市主体 SNAP 公司在美国纽约证券交易所推出了三层股权结构股票，这是全世界第一家发行三层股权结构股票的公司，开创了通过资本市场发行三层股权结构股票的先河。

在 SNAP 公司三层股权结构设计机制中，包括三个类型的股票，分别为 A 类股票、B 类股票和 C 类股票。其中，A 类股票是没有表决权的股票，B 类股票是一股具有一个表决权的股票，C 类股票是一股具有 10 个表决权的股票。显而易见，在 SNAP 公司发行的三层股权结构股票中，B 类具有一股一票性质的股票相当于双层股权结构下的 A 类股票；C 类具有一股十票性质的股票相当于双层股权结构下的 B 类股票。通过 ABC 三层股权结构机制的引入，作为公司的联合创始人，Evan Spiegel 和 Bobby Murphy 所拥有的股票全部为具有"超级表决权"的 C 类股票，并且，所有具有超级表决权的 C 类股票都给予了 Evan Spiegel 和 Bobby Murphy 两位创始人所持有；从投票权的分布来看，正是由于两位创始人持有了全部的 C 类股票，使得两位创始人的投票权达到了将近九成的高位，为 88.6%，从而确保了公司牢牢地掌握在公司创始人的手中。

（三）实施双层股权结构效果讨论

SNAP 公司所推出的三重股权结构机制也是本书所探讨的双层股权结构的重要实现方式，对于三重股权结构机制所产生的效果，笔者认为具有如下几个方面。

一是三重股权结构向市场传递积极信号。SNAP 公司三重股权结构的推出，使得对不平等投票权股权安排的讨论达到了新的高度。[1] SNAP 通过推出三重股权结构制度，向市场传递了对公司发展前景充满信心的积极信号，这是对公司业务模式创新、创始人及管理团队管理能力以及创始人声誉的一种认同和背书。SNAP 公司的三重股权结构有其存在的合理性。

二是三重股权结构彻底解决了随着融资增加对于公司创始股东投票权的稀释问题。由于三重股权结构本身在典型的双层股权结构制度

---

[1] 郑志刚、关田田：《"不平等投票权"的股票发行与控制权安排设计制度创新的边界——基于 Snap 公司三重股权结构的案例研究》，《金融评论》2018 年第 3 期。

基础上设计了不具有任何投票权的 A 类股份，所以，这种双层股权结构设计本身就在机制上"根除"了可能由于融资的需要对于创始股东、高层管理人员控制权的挑战。这一点是同经典的双层股权结构机制的重要区别，因为双层股权结构设计中，尽管 A 类股票的投票权相较于 B 类股票的投票权较低，但是，依然具有一股一票的投票权。在未来，如果随着公司发展对于融资的需求加剧，那么总有一天会对 B 类股票持有股东的投票权造成挑战。因此，保护投票权最保险的方式就是引入不具有投票权的股份。因此，可以说三重股权结构彻底解决了随着融资增加对于公司创始股东投票权的稀释。

三是三重股权结构使得公司能够以更加长远的眼光看待自身的发展、做出战略决策。由于三重股权结构机制根本上解决了随着融资规模的增加，可能对于创始股东或高层管理者控制权的稀释问题，所以，外部股东所要求的短期盈利压力进一步降低。在外部盈利压力降低的情况之下，创始股东或高层管理者可以更加基于企业的长远利益做出战略性决策，从而可以保障公司暂时牺牲短期利益以获得长远利益。所以，从某种程度上可以说，三重股权结构机制的引入，使得公司能够以更加长远的眼光来看待自身的发展，从而做出对企业的长远发展更加有利的战略性决策。

四是三重股权结构使得公司所面临的外部压力进一步下降。由于三重股权结构机制的引入，使得公司所面临的无论是盈利压力，还是对于企业决策的压力，都大幅降低。由于三重股权结构中不仅具有正常投票权的股份，还有不具有任何投票权的股份，所以，对于公司创始股东或高层管理人员而言，可以完全做好对于公司决策的控制，外部压力不能通过公司治理机制对公司造成过多影响。所以，三重股权结构设施使得公司所面临的外部压力进一步下降。

第二节　中国企业采用双层股权结构上市的案例

由于我国在公司法等相关法律法规明确要求企业按照同股同权的

原则进行股权结构设计，所以，在我国即使采用规避性方式引入双层股权结构设计，操作起来也较为困难。与之相比，美国等一些允许双层股权结构制度的国家则具有较强的吸引力。在现实中，我国一些公司尤其是高科技公司为了在募集资金的同时不至于丧失对于公司的控制权，纷纷采取在海外上市的方式进行资金募集。比如，国内的一些互联网企业，包括百度、奇虎、搜房、优酷、猎豹移动、YY语音等，均选择美国等允许双层股权结构设计的国家资本市场进行上市。本节将以京东、阿里巴巴、小米等国内典型企业为重点，对我国典型企业采取双层股权结构设计的基本情况进行考察。

一　中国采用双层股权结构典型企业概况

为了在股权结构设计过程中引入双层股权结构设计的机制，我国企业尤其是互联网企业纷纷选择在美国等国家或地区的证券交易所进行上市。据统计，截至2018年底，仅在美国证券交易所上市的我国公司就有将近250家，其中，有75家采取了双层股权结构设计的机制来调整股权结构，占所有我国公司在美国上市比例的过三成，为30.49%。表5-2详细梳理了采用双层股权结构在美国上市的中国企业。选择在美国证券交易所上市并且引入双层股权结构设计机制的公司包括许多我们耳熟能详、生活中常常享受到它们提供的产品和服务的公司，如作为互联网企业的百度、京东、人人网、唯品会、聚美优品、陌陌、搜狗等公司。其中，成立于2000年的百度公司于2005年在美国纳斯达克交易所上市，上市时具有超级表决权的股东所拥有的表决权超过八成，为83.74%。成立于1998年的京东公司，于2014年在美国纳斯达克证券交易所上市，上市时拥有超级表决权的股东所拥有的超级表决权也超过八成，为83.63%。成立于2005年的人人网于2011年在美国纽约证券交易所上市，拥有超级表决权的股东所拥有的表决权超过一半，为56%。成立于2008年的唯品会公司，于2012年正式在美国纽约证券交易所上市，拥有超级表决权的股东所拥有的表决权占比超过六成，为62.50%。成立于2010年的互联网企业聚美优品，于2014年正式在美国纽约证券交易所上市，拥有超级表决权的股东所拥有的表决权占比将近九成，为87.50%。成立于2011年的陌陌公司，于2014年在美国纳斯达克证券交易所上市，拥有超级表决权的股东所拥有的表决权将近八成，为77.80%。成立于2004年的搜狗公司，于2017年在美国纽约证券交易所上市，拥有超级表决权的股东所持有的股份超过九成五，为96.20%。

表 5-2　　　　采用双层股权结构在美国上市的中国企业

序号	股票代码	公司名称	上市时间	上市地点	所处行业	序号	股票代码	公司名称	上市时间	上市地点	所处行业
1	LONG	艺龙旅行网	2004	纳斯达克	互联网+	2	BIDY	百度	2005	纳斯达克	互联网+
3	MR	迈瑞医疗	2006	纽交所	医疗/药业	4	PWRD	完美世界	2007	纳斯达克	互联网+
5	CYOU	畅游	2009	纳斯达克	互联网+	6	GAME	盛大游戏	2009	纳斯达克	互联网+
7	CHRM	昌荣传播	2010	纳斯达克	广告媒体	8	DANG	当当网	2010	纽交所	互联网+
9	XRS	学而思教育	2020	纽交所	教育培训	10	SFUN	搜房网	2010	纽交所	互联网+
11	VNET	世纪互联	2011	纳斯达克	互联网+	12	FENG	凤凰新媒体	2011	纽交所	新闻媒体
13	NQ	网秦	2011	纽交所	互联网+	14	RYNN	人人网	2011	纽交所	互联网+
15	QHU	奇虎360	2011	纽交所	互联网+	16	YY	欢聚时代	2012	纳斯达克	互联网+
17	CMGE	中国手游	2012	纳斯达克	互联网+	18	YOKU	优酷土豆网	2012	纽交所	互联网+
19	GOMO	久邦数码	2013	纳斯达克	互联网+	20	QUNR	去哪儿网	2013	纳斯达克	互联网+
21	WBAI	500彩票网	2013	纽交所	互联网+	22	WUBA	58同城	2013	纽交所	互联网+
23	LITB	兰亭集势	2013	纽交所	互联网+	24	JD	京东商城	2014	纳斯达克	互联网+
25	TOUR	途牛旅游网	2014	纳斯达克	互联网+	26	WB	微博	2014	纳斯达克	互联网+
27	KANG	爱康国宾	2014	纳斯达克	医疗/药业	28	TEDU	达内科技	2014	纳斯达克	教育培训

续表

序号	股票代码	公司名称	上市时间	上市地点	所处行业	序号	股票代码	公司名称	上市时间	上市地点	所处行业
29	XNET	迅雷	2014	纳斯达克	互联网+	30	MOMO	陌陌	2014	纳斯达克	互联网+
31	DSKY	创美天地	2014	纳斯达克	互联网+	32	JMEI	聚美优品	2014	纽交所	互联网+
33	CMCM	猎豹移动	2014	纽交所	互联网+	34	BZUN	宝尊电商	2015	纳斯达克	互联网+
35	GSUM	国双科技	2016	纳斯达克	互联网+	36	GDS	万国数据	2016	纳斯达克	互联网+
37	COE	无忧英语	2016	纽交所	教育培训	38	ZTO	中通	2016	纽交所	物流运输
39	SECO	寺库	2017	纳斯达克	互联网+	40	DOGZ	多尼斯	2017	纳斯达克	宠物用品
41	LX	乐信	2017	纳斯达克	互联网+	42	XRF	信而富	2017	纽交所	互联网+
43	BEDU	博实乐	2017	纽交所	教育培训	44	RYB	红黄蓝	2017	纽交所	教育培训
45	BSTI	百世	2017	纽交所	物流运输	46	QD	趣店	2017	纽交所	互联网+
47	SECO	Sea	2017	纽交所	互联网+	48	JT	简普科技	2017	纽交所	互联网+
49	SOGO	搜狗	2017	纽交所	互联网+	50	PPDF	拍拍贷	2017	纽交所	互联网+
51	HMI	华米科技	2018	纽交所	互联网+	52	STG	尚德机构	2018	纽交所	教育培训
53	GHG	格林豪泰	2018	纽交所	酒店服务	54	ONE	精锐教育	2018	纽交所	教育培训
55	BILI	bilibili	2018	纳斯达克	互联网+	56	IQ	爱奇艺	2018	纳斯达克	互联网+
57	HUYA	虎牙直播	2018	纽交所	互联网+	58	AMBO	爱博教育	2018	全美交易所	教育培训
59	CANG	灿古	2018	纽交所	互联网+	60	JG	极光	2018	纳斯达克	互联网+
61	PDD	拼多多	2018	纳斯达克	互联网+	62	NIO	蔚来汽车	2018	纽交所	互联网+
63	YI	1药网	2018	纳斯达克	医疗/医药业	64	QTT	趣头条	2018	纳斯达克	新闻媒体
65	XYF	小赢科技	2018	纽交所	互联网+	66	VIOT	云米	2018	纳斯达克	家具服务

资料来源：笔者根据公开数据整理所得。

二 京东集团采用典型的双层股权结构赴纳斯达克上市

(一)公司简介

1998 年,京东(股票代码:JD)由创始人刘强东在北京中关村创建,开始是销售电子产品。2004 年开始转战电子商务领域,进行线上销售。2007—2009 年京东先后获得 A、B、C 三轮融资,其中,2007 年 3 月,京东获得风险投资基金今日资本 1000 万美元 A 轮融资;2009 年 1 月,获得今日资本、雄牛及梁伯韬 2100 万美元的 B 轮融资;2010 年 9 月,获得高瓴资本的 1.38 亿美元的 C 轮融资,为京东的发展奠定了扎实的基础。从 2011 年起,京东又相继引入了俄罗斯投资公司 DST、老虎基金、红杉资本、腾讯等实力雄厚的公司投资。出于战略布局的考虑,2014 年 5 月,京东在美国纳斯达克证券交易所正式挂牌上市,是我国第一个成功登陆美股的大型综合性电商平台。如今,京东已经是中国最大的自营式电商企业,京东创始人刘强东卸任法定代表人、执行董事、总经理,由徐雷接任执行董事、经理和法定代表人。集团旗下包括京东商城、京东金融、拍拍网、京东智能、O2O 及海外事业部等。主要销售数码产品、家电、配件、生活用品、食品、书籍等。除了 B2C 电商市场,业务还涉及金融、通信等领域。2015 年 7 月,京东凭借高成长性入选纳斯达克 100 指数和纳斯达克 100 平均加权指数。2016 年 6 月与沃尔玛达成深度战略合作,1 号店并入京东。

2011 年以来,京东公司规模快速扩张。2011 年,京东公司的营业收入为 45.29 亿美元,尽管 2012 年的时候公司营业收入有所下降,但是 2012 年之后,公司的营业收入快速提升。继 2013 年超过 100 亿美元,达到 101.97 亿美元之后,分别于 2015 年超过 200 亿美元,达到 288.47 亿美元,在 2016 年超过 300 亿美元,达到 391.55 亿美元,在 2017 年超过 500 亿美元,达到 539.65 亿美元,在 2018 年超过 600 亿美元,达到 698.48 亿美元。在 2019 年 7 月发布的《财富》世界 500 强排名中,京东位列 139 位,可以说,京东公司迅速成长并且成为世界 500 强企业,是我国互联网企业迅速成长的一个缩影。不过,需要指出的是,尽管京东公司规模不断膨胀，但是京东公司的盈利性却长期处于亏损状态，2015年，公司亏损达到 14.92 亿美元，2017 年亏损缩小为 0.23 亿美元，2018年公司的亏损进一步增加，当年亏损金额为 3.77 亿美元（见图 5-4）。

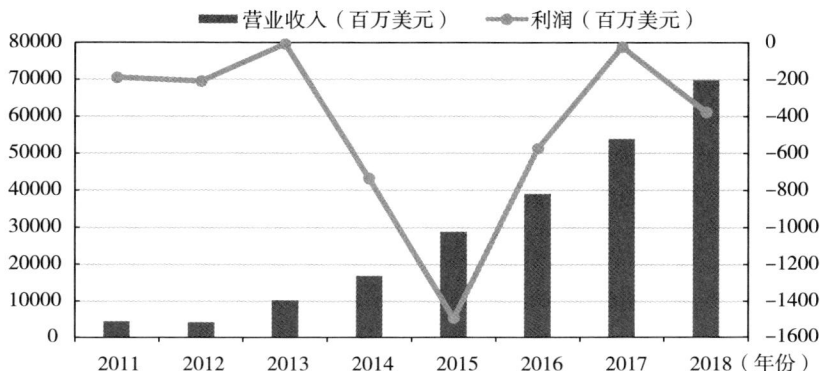

图5-4　京东公司2011年到2018年营业收入和利润变化

注：人民币同美元转换汇率按照 1∶6.8 计算。

数据来源：笔者根据《财富》杂志以及其他公开渠道收集整理。

（二）双层股权推进过程和基本情况

2014 年，京东赴美国纳斯达克证券交易所上市，它的股权模式是典型的双层股权结构，表 5-3 列示了京东集团在纳斯达克上市时的双层股权结构设置。根据 2016 年京东集团年报，刘强东个人持股 15.8%，却拥有投票权 80%，通过双层股权结构将控制权牢牢掌握在手里。如图 5-5 所示，到 2018 年末，虽然刘强东只持有京东 16.68% 的股份，但却拥有京东 80.02% 的投票权。

根据京东集团披露的招股说明书，其双层股权结构设计主要为以下六个方面内容：第一，将股票分为 A、B 两类，其中，B 类股票每 1股拥有 20 股投票权，由创始人刘强东持有。A 股股票每 1 股拥有 1 股投票权，由其他投资人持有。第二，A 类股票可以上市交易，B 类股票不参与上市交易。第三，A 类股票在任何时候都不能转换为 B 类，B 类股票可以随时转换为 A 类股票。第四，B 类股票转让给非关联人士时，则自动转换成为 A 类。第五，当刘强东不再担任京东董事兼 CEO 或其他特定情况时，其所持有 B 类将自动立即转换为等量的 A 类股票。第六，A 类及 B 类股就所有提交股东的事项一并投票。普通决议按照出席股东简单多数表决即可，特殊决议需要获得出席股东所持表决权的 2/3 以上投票才能通过。①

表 5-3   京东集团上市后的双层股权结构

序号	股东	上市后股权比例	上市后投票权比例
1	刘强东	23.10%	83.70%
2	老虎基金	18.10%	3.20%
3	黄河投资（腾讯）	14.30%	3.70%
4	高瓴资本	13.00%	2.30%
5	俄罗斯 DST	9.20%	1.60%
6	今日资本	7.80%	1.40%
7	红杉资本	1.60%	0.30%

资料来源：笔者根据京东集团的招股说明书整理。

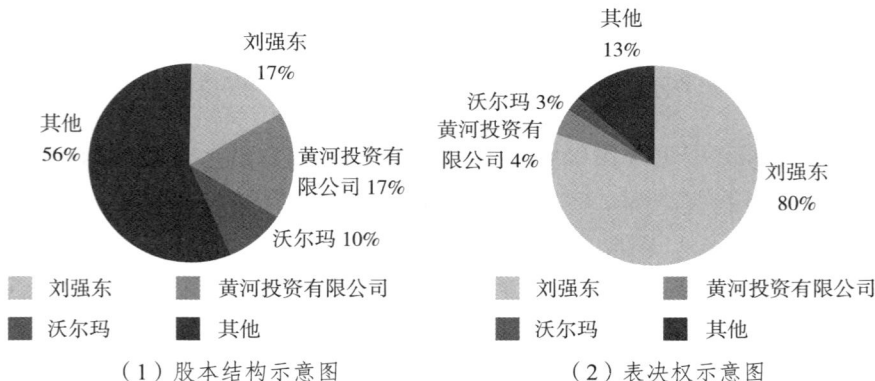

（1）股本结构示意图   （2）表决权示意图

图5-5 京东双层股权结构示意图

注：数据截至2018年12月31日。

资料来源：笔者根据Wind整理所得。

（三）实施双层股权结构效果讨论

京东公司实施的双层股权结构制度在保护创始股东投票权的过程

———————————

① 王雅媛：《刘强东的绝对权力，中国 CDR 的危险未来？》（2018 年 9 月 7 日），2019 年 6 月 29 日，https://www.sohu.com/a/252431802_810831。

中发挥了积极作用，但是，公司的创始人也可能由于各方面原因做出错误的决策，可能因不适当的行为或违法行为给公司造成巨大的损失。在京东公司的案例中，可以充分反映出双层股权结构设计可能导致的这两个方面的结果。

从积极方面说，京东公司实施双层股权结构设计较好地保护了刘强东对于京东公司的控制权。京东设计了表决权差异比较大的制度安排，刘强东所持有的 B 类股票与 A 类股票的表决权相差 20 倍，而美国上市公司一般采取的投票权比例为 1∶10。此外，创始人投票权取得压倒性胜利也是京东双层股权结构制度设计的一大特点。京东的第一大股东腾讯旗下的黄河投资持股 18%，但是仅有 4% 的投票权。而创始人刘强东以少量的现金投入实际掌握 80% 的投票权，从这个角度上说，京东的双层股权结构制度对创始人刘强东的控制权保护得当。

从效益的方面看，京东公司实施双层股权结构设计很容易因为公司控制人的不适当甚至违法行为而对公司运营造成巨大的损失。2018年，刘强东在美遭遇涉嫌性侵指控暴露了双层股权结构的可能弊端，那就是创始人的道德风险对公司价值和声誉的影响。刘强东是京东的创始人和 CEO，他的身份对京东的商业活动和公司股价具有无法切割的利害关系。在刘强东涉嫌性侵指控中，受害人将刘强东和京东都列为被告人，认为京东对刘强东的行为负有"替代责任"（Vicariously liable）。不论案件是否属实，这起事件都对公司股价和发展产生了巨大的不良影响。据统计，仅事件曝光后的第一个交易日，京东股价开盘就大跌超过 7 个百分点，收盘下跌 5.97%，京东当日的市值直接蒸发27 亿美元。

三 阿里巴巴变相推出双层股权架构赴纽交所成功上市

（一）公司简介

1999 年，以曾担任英语教师的马云为首的 18 个年轻人在浙江杭州创立阿里巴巴网络技术有限公司（简称：阿里巴巴）。阿里巴巴主要业务包括 B2B 贸易、网上零售、第三方支付、数字媒体、娱乐、云计算等多个领域，也从关联公司的业务和服务中取得经营商业生态系统上的支援。阿里巴巴的关联业务和服务主要包括淘宝网、天猫、聚划算、1688、阿里妈妈、阿里云、蚂蚁金服、菜鸟网络等。阿里巴巴围绕着平台和业务，形成了一个涵盖消费者、商家、品牌、零售、第三方服务供应商、战略合作伙伴及其他企业在内的数字经济体。1999—2004年，阿里巴巴先后获得三轮融资，其中1999年10月获得500万美元融资、2000年1月获得2500万美元融资、2004年2月获得8200万美元融资，使公司艰难地度过了创业初期。2005年，雅虎以10亿美元现金和全部中国资产获得阿里巴巴39%的股权，这是阿里巴巴获得长期发展的关键一步，但也为阿里巴巴和雅虎之间的控制权争夺埋下了隐患。2007年11月，阿里巴巴为解决资金上的燃眉之急，赴香港联交所上市。后来，由于雅虎CEO更换等一系列事件，终于在2009年，雅虎违反约定进军中国内地互联网市场，与阿里巴巴的发展理念越走越远。2011年，双方因为支付宝股权架构问题引发强烈冲突，矛盾表面化。2012年9月，阿里巴巴与雅虎签订协议，阿里巴巴将耗资76亿美元收回雅虎持有21%的股份，并约定了上市后的股票回购计划，"雅巴之争"画上句号。2012年5月，阿里巴巴从香港交易所退市，正是利用这一时机创新设计了一个新的公司治理机制——"合伙人制度"。2014年9月19日，阿里巴巴集团再次谋求上市，在纽约证券交易所正式挂牌，股票代码"BABA"，并创造了史上最大的IPO纪录。2019年11月26日，阿里巴巴赴香港证券交易所上市，总市值超4万亿港元，登顶港股成为港股"新股王"。2019年10月，2019福布斯全球数字经济100强榜中阿里巴巴位列第10。

事实上，从2009年开始的十年里，阿里巴巴迎来了规模和盈利的持续不断的增长。2009年，阿里巴巴的营业收入和利润分别为5.7亿美元和1.49亿美元；到了2012年，阿里巴巴的营业收入和利润分别增加到40.8亿美元和4.85亿美元，之后，分别猛增至35.61亿美元和79.52亿美元。2018年，阿里巴巴的营业收入和利润分别达到创纪录的561.47亿美元和130.94亿美元。在2019年《财富》杂志所公布的世界500强排名中，阿里巴巴位列第182，较2017年的第300名相比，大幅

提升了 100 多位。（见图 5-6）

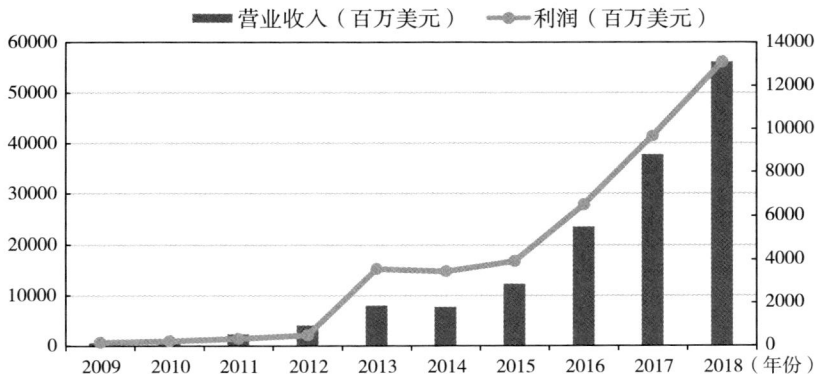

图5-6　阿里巴巴2009年到2018年营业收入和利润变化

注：人民币同美元转换汇率按照1:6.8计算。

数据来源：笔者根据《财富》杂志以及其他公开渠道收集整理。

（二）双层股权推进过程和基本情况

从 1999 年成立到 2004 年，阿里巴巴一共进行了三轮融资，投资人为风险投资机构，创始人马云及团队持股比例为 47%。2005 年，雅虎获得 40% 的股份，成为阿里巴巴的第一大股东。2010 年，与雅虎的协议到期。2010 年到 2014 年，创始人马云及其团队设计了合伙人制度，并通过 PE 融资、回购股票等方式保持控制权。2014 年 9 月 19 日，阿里巴巴在美国纽交所成功上市。通过推出合伙人制度，阿里变相地推出不平等投票权股票。2014 年 8 月，阿里巴巴在招股说明书中这样表述："阿里巴巴合伙人既是公司的股东，又是公司的运营者、业务的建设者和文化的传承者。在阿里巴巴工作 5 年以上的员工有资格当选集团合伙人，新合伙人入会时，需要取得原来所有合伙人 75% 的同意，所有合伙人按一人一票的原则，该制度允许合伙人在上市后提名半数以上的董事，以保证对公司的控制权。"需要指出的是，阿里推出的合伙人制度并不是为了赴美国上市而特别制定的，而是在 2010 年就已经形成，初衷是希望通过改变合伙人之间的简单雇佣关系，形成一种新的治理模式。具体来看阿里的股权结构，第一大股东孙正义控制的软银持有 31.8% 的股份，第二大股东雅虎持有 15.3% 的股份。阿里合伙人共同持有 13.1% 的股份，其中包括永久合伙人马云持有 7.6% 的股份和蔡崇信持有 3.1% 的股份，其他高管和董事持股比例均低于 1%。此外，根据阿里的公司章程，以马云为首的阿里合伙人有权任命董事会大多数董事，因此阿里合伙人实际控制公司决策。目前，在 11 名董事构成的董事会中，5 位执行董事全部由阿里合伙人提名，且阿里大部分执行董事和高管由阿里合伙人派出。持股比例高达 31.8% 的软银仅在董事会委派了一名观察员，可见其对阿里的信任。从目前阶段来看，阿里的上市策略选择无疑是成功的。一方面，通过创造纽交所 IPO 的新神话，阿里一举成为全球知名的企业，再次演绎了通过上市来实现企业战略营销目的的经典故事，为阿里未来全球业务的开展创造了积极条件。另一方面，对于马云本人，除了像库克、扎克伯格等互联网大亨一样成为青少年心中的偶像外，上市也为马云带来了不仅看得到而且摸得着的财富。[①] 在"2014 年《福布斯》中国富豪榜"中，马云荣登榜首。

（三）实施双层股权结构效果讨论

阿里的合伙人制度充分体现了公司契约理论的思想，[②] 即通过以马云为首的公司创始人于公司上市前在内部达成契约，对上市前的原始股东、IPO 时的认购者、上市后股票的购买者以及创始人团队之间的决策方式进行约定，并就合伙人的入伙、退伙、权利与义务、合伙委员会等事项达成一致。合伙人制度实际上是一种变相的双层股权制度，实现了创业团队从短期雇佣合约到长期合伙合约的转换，可以在信息不对称情况下为外部投资者释放识别阿里独特业务的信号，同时激励创业团队进行人力资本投资。[③] 但合伙人制度没有设计合理的退出机制，创始人独一无二的作用会给未来带来一些不确定性。从阿里巴巴合伙人制度的运作机制来看，其与双层股权结构本质上是一样的，目标均

---

① 郑志刚：《股权分散时代如何选择公司治理模式？》，《证券市场导报》2016 年第 12 期。

② 孙亚贤：《股权众筹公司创始人控制权维持的法律路径》，《法商研究》2017 年第 5 期。

③ 郑志刚、邹宇、崔丽：《合伙人制度与创业团队控制权安排模式选择——基于阿里巴巴的案例研究》，《中国工业经济》2016 年第 10 期。

是为了把握公司的控制权。与典型的双层股权结构制度相比，阿里巴巴变相的双层股权结构制度有以下几个突出特点：

一是合伙人制度避免了双层股权结构制度的弊端。双层股权结构制度往往将控制权集中到创始人及少数几个人手中，很容易造成内部控制，造成对中小股东权益的侵害。而合伙人制度的合伙人团队人数比较多，在做决策时利用简单多数决等机制以克服个人认知的偏差，有助于利用集体智慧做出更为理性的决策。

二是在典型的双层股权结构中，公司创始人一般拥有超过半数的投票权，可以独立提名并经股东大会表决通过过半数的董事人选。而阿里巴巴的合伙人制度，合伙人仅享有过半数董事提名权，且不享有提名独立董事的权利。这是阿里巴巴的双层股权结构设计同西方国家典型的公司双层股权结构设计的不同之处。

三是在典型的双层股权结构中，公司创始人可通过其超级投票权选出可靠的董事人选，直接掌控董事会。而阿里巴巴合伙人制度，合伙人仅享有过半数董事的提名权，并无超级投票权。但却可以无限行使其提名权，直到股东大会批准其提名的董事候选人。从这个意义上讲，传统的 A、B 股双层股权结构较之合伙人制度对公司的控制程度更强。

四是传统的 A、B 股双层股权结构，其创始人的超级投票权可被继承人继承，而阿里巴巴合伙人地位无法继承。此外，还有除名等合伙人退出机制，可以对合伙人形成一定的约束力和纠错力。因此，从这个视角来看，阿里巴巴所实施的双层股权结构随着时间的推移，对公司的控制力将随着相关股权的隔代继承过程存在下降的风险。

四　小米采用双层股权结构赴香港证券交易所成功上市

（一）公司简介

2010 年 3 月 3 日，创始人雷军与一群深具造诣的工程师与设计师成立北京小米科技有限责任公司。小米是一家专注于智能硬件和电子产品研发的移动互联网公司，同时也是一家专注于高端智能手机、互联网电视以及智能家居生态链建设的创新型科技企业。小米始终追求创新、质量、设计、用户体验与效率提升，致力于以厚道的价格提供最佳的科技产品和服务。小米是继苹果、三星、华为之后第四家拥有手机芯片自主研发能力的科技公司。2018 年 7 月 9 日，小米在香港交易所主板挂牌上市，成为香港证券交易所上市制度改革后首家采用双层股权结构上市的企业。

事实上，从 2015 年至今，小米公司经历了快速的成长阶段。从营业收入的视角来看，2015 年，小米公司营业收入为 98.25 亿美元；2016 年，小米公司营业收入突破 100 亿美元，达到 100.64 亿美元；2017 年，小米公司营业收入进一步增加到 168.57 亿美元；2018 年，小米公司营业收入超过 200 亿美元，达到 257.21 亿美元。在利润方面，2015 年，小米公司利润为 2.02 亿美元；2016 年，小米公司利润增长率为 175%，为 5.57 亿美元。2017 年，小米公司利润进一步增加到 17.94 亿美元；到了 2018 年，小米公司利润有所下降，但是利润水平依然是超过 10 亿美元，为 12.65 亿美元。（见图 5-7）

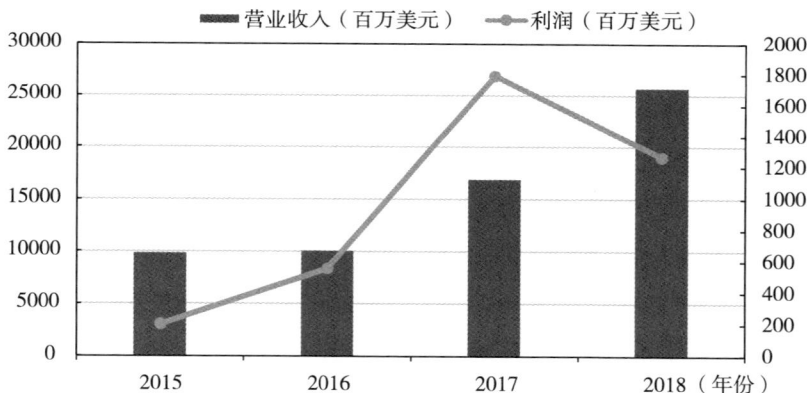

图5-7 小米2015年到2018年营业收入和利润变化

注：人民币同美元转换汇率按照1:6.8计算。
数据来源：笔者根据其他公开渠道收集整理。

（二）双层股权推进过程和基本情况

香港联交所修改上市规则后，小米集团随即在 2018 年 7 月 9 日成为第一个港股上市的具有双层股权结构的公司。根据其向联交所提交的文件，公司发行的 A 股是超级表决权股，每股有 10 个表决权；B 股是普通股，每股有 1 个表决权。如表 5–4 所示，雷军和林斌一共享有 81.02% 的表决权从而掌握了公司的控制权，帮助企业实现了突破性的发展。

表 5–4   小米集团在港交所上市时的双层股权结构

股票种类	持有者	股权比例	表决权比例
Class A	雷军	31.41%	51.98%
	林斌	13.32%	29.04%
Class B	晨兴集团	17.19%	18.98%
	黎万强	3.23%	
	黄江吉	3.23%	
	洪锋	3.22%	
	顺为资本联合创始人兼首席执行官许达来	2.93%	
	其他投资者	25.47%	

资料来源：笔者根据小米集团招股说明书整理。

（三）实施双层股权结构效果讨论

小米公司所实施的双层股权结构机制同西方国家典型的双层股权结构设计的经典模式是相似的，即通过发行 A 类和 B 类股票，在募集资金的同时，保持着对于公司的控制权。不过，与此同时，小米公司实施的双层股权结构机制所带来的效果引起了社会各界的争论。

从积极的方面来说，小米公司通过双层股权结构机制的引入，在实现公司募集资金的同时，牢牢地把握住了对于小米公司的控制权。如前所述，作为小米公司实际控制人的雷军和林斌分别获取了小米公司控制权的 51.98% 和 29.04%，实际上已经可以说是绝对控制着公司了。尽管他们所持有的小米公司的股票仅占小米公司股票总额的 31.41% 和 13.32%。与之相比，晨星集团持有 17.19% 的小米公司股票，但是，投票权却非常低。

从消极的方面来讲，小米公司创始人所持有的较强投票权，导致了小米公司可能做出损害其他股东利益的决策。比如，2018 年，小米公司给雷军发放了天价奖金——15 亿美元的股票，这是世界范围内绝无仅有的最大的奖励之一，并且这一奖金的发放和公司的绩效指标没有直接的联系。所以，从现代公司激励约束机制的视角来看，这种形式的天价奖金在某种意义上是对于非实际控制人股东利益的损害。所以，双层股权结构所导致的实际控制人股东对于非实际控制人股东的利益侵害，可能是双层股权结构制度需要规避的重要问题。

第三节　典型案例分析

从国内外实施双层股权结构制度的上市公司实践可以看到，尽管不同上市公司存在实施双层股权结构的时间不同、实施双层股权结构的原因不同、实施双层股权结构的具体操作方式不同等具体情况，但还是存在一些共同特征。

一是实施双层股权的上市公司均对股票类型进行了一定的区分。有些上市公司将上市公司股权结构分为 A 类股权和 B 类股权两个基本类型，有的上市公司实施双层股权将上市公司股票分为 A 类股票、B 类股票和 C 类股票三个类型，还有公司在将上市公司股票分为 A 类股票、B 类股票之后，又引入了代理投票权协议的机制等内容。但是，无论是何种方式推进双层股权结构，本质上已经对不同的股票进行了一定的分类，从而使得持有相同金额股份的股东享有不同的投票权。

二是实施双层股权的上市公司往往是创始股东或高层管理人员持有较高投票权的股票。实施双层股权的激励来自于创始股东或高层管理人员等希望把握公司控制权的人员。其实，对于资本市场上一般的散户投资者不一定有意愿或激励在所投资的上市公司中参与到双层股权结构。但是，由于这些散户投资者一般也往往注重于财务投资，所以，实施双层股权与否可能并不是他们选择是否投资该公司的重要考量。对于机构投资者而言，只要仅是作为财务投资者，所投资上市公司是不是采用双层股权结构可能也不是需要考量的重要因素。

三是实施双层股权结构的上市公司往往具有一定的退出机制或程序。由于人的自然寿命以及个人的发展规划等原因，持有超级投票权股份的股东可能会退出公司的管理或生产运营，在这种情况之下，就涉及不同投票权股份之间的转变问题。通过对国内外实施双层股权的上市公司进行考察可以看到，许多公司已经对不同类别的股票之间的转变设计了基本的制度。比如，Facebook 的具有超级表决权的股东或管理人员售出股票，所售出的股票将不再具有超级表决权。

四是实施双层股权结构既可能为上市公司带来有益的结果，也可能为上市公司带来负面的影响。双层股权结构机制可以解决由于融资规模的扩大可能稀释创始股东或高层管理人员表决权的问题，但是，双层股权结构机制的引入并不能解决所有的问题，有些时候甚至引来新的问题。比如，拥有超级表决权的股东的不适当行为或者违法行为可能对公司股票市值造成沉重打击。再如，拥有超级表决权的股东可能影响公司决策为自己谋取更多的利益，即侵害拥有较少表决权或者根本没有表决权的股东的利益等。

五是实施双层股权结构机制对于互联网企业等高科技企业可能是理想的公司治理机制选择。无论是国外实施双层股权机构的上市公司，还是在国内通过在海外上市实施双层股权的上市公司，均有一个非常明显的特征，就是这些公司往往同互联网行业具有极大的关联，通常本身就是互联网公司或者高科技企业。在这些行业企业中，资本可能不是最重要的，智力知识、管理才能对于公司的发展壮大和竞争力的提升可能更为重要。所以，从某种意义上可以说，双层股权结构可能更适合于某些类型或行业的公司，对于其他类型或行业的公司，可能更适合"同股同权"的股权结构制度。

第四节　简要结论

本章分为三个主体节对采用双层股权结构上市的典型案例进行了分析。具体从"西方企业采用双层股权结构上市的案例""中国企业采用双层股权结构上市的案例"以及"典型案例分析"三个层面进行了深入的解析。

在"西方企业采用双层股权结构上市的案例"节，笔者在对美国采用双层股权结构典型企业概况进行分析的基础上，以 Google 公司、Facebook 公司和 SNAP 公司为样本，全面分析了三家典型企业的双层股权结构情况。其中，Google 公司在上市之前就已经引入了双层股权结构机制，在上市之后，为了在募集资金的过程中不至于稀释创始股东或部分高层管理人员的表决权，进一步提升为三层股权结构的设计。Facebook 所采取的双层股权结构模式是双层股权结构制和表决权代理协议相结合的模式，Facebook 的创始股东或高层管理人员既有通过双层股权结构制保留表决权的实践，又有通过表决权代理协议的方式保留表决权的实践。SNAP 公司本身在上市过程中就推出三层股权结构机制，并成为全球首家在资本市场推出三层股权结构的上市公司。

在"中国企业采用双层股权结构上市的案例"节，笔者在对中国采用双层股权结构典型企业概况进行分析的基础上，以京东集团、阿里巴巴公司和小米公司为例，着力探讨了中国企业实施双层股权结构的情况。其中，京东集团和小米公司所采取的都是典型的双层股权结构机制，也就是 A 类型股票和 B 类型股票并存的方式，不同的是拥有超级表决权的数量不同。阿里巴巴所采取的模式是合伙人模式，也是实质上采取双层股权结构的典型代表。通过对我国实施双层股权机制的上市公司的效果进行讨论可以看到，实施双层股权结构机制也可能产生一定的问题，包括持有超级表决权的创始股东的不适当行为或违法行为可能对公司资本市场表现乃至生产运营造成极大的影响，也可能对非超级表决权持有者的权益造成损害等。

在"典型案例分析"节，笔者着力总结和分析了国内外实施双层股权结构机制的一些相似性。包括实施双层股权的上市公司均对股票类型进行了一定的区分；实施双层股权的上市公司往往是创始股东或高层管理人员持有较高投票权的股票；实施双层股权结构的上市公司往往具有一定的退出机制或程序；实施双层股权结构既可能为上市公司带来有益的结果，也可能为上市公司带来负面的影响；实施双层股权结构机制对于互联网企业等高科技企业可能是理想的公司治理机制选择等。

第六章

中国双层股权结构制度的适用性分析

无论是从理论层面，还是从政策层面，抑或是从实践层面，双层股权结构机制的引入均具有重要的意义和价值。但是，一方面由于双层股权结构机制的引入所基于的基本原则是"同股不同权"原则，单一股权结构设计所依据的基本原则是"同股同权"原则，两者所基于的原则具有根本性的不同。另一方面，无论是从历史的视角，还是从现实的视角，基于"同股不同权"原则的双层股权结构设计一般都是由基于"同股同权"原则的单层股权结构设计进一步演进而来的。因此，需要对双层股权结构制度的适用性做一个全面的分析，以便透视究竟哪些企业适于实施双层股权结构，而哪些企业不适于实施双层股权结构。为此，本章将围绕适用于双层股权结构制度的制度环境、资本市场、行业特征、企业属性、管理层特质五个方面，对双层股权结构制度的适用性做全面分析。

第一节　适于双层股权结构制度的制度环境

成熟的市场机制与健全的法制环境能够制约不同投票权架构所带来的负面影响。我国法律制度严格坚持"同股同权"的原则，对于双层股权结构制度的推行态度仍然不明朗。我国面临的转轨经济制度环境与发达国家的差异也比较大，因此，需要进一步探讨适合我国双层股权结构制度推行发展的制度环境。

一　事前监管逐渐完备

双层股权结构在美国、加拿大和欧洲一些国家比较普遍，在日本、中国受到限制的最主要因素是法制环境的影响，如公司法、信息披露制度等的完善程度。[1] 我国当前关于公司控股股东、实际控制人的规范相对完备，中国存托凭证相关制度及深沪港通已开始尝试包容不同投票权架构企业的上市需求。同时，《上市公司治理准则》修订版已发布，新修订的《证券法》已经颁布，防范控制权滥用、保护普通股东利益的事前监管措施已相对完备。

具体来看，在中国存托凭证相关制度方面，2018年6月15日，我国上海证券交易所和深圳证券交易所分别发布《上海证券交易所试点创新企业股票或存托凭证上市交易实施办法》和《深圳证券交易所试点创新企业股票或存托凭证上市交易实施办法》等通知，进一步明确将存托凭证纳入现行上市规则体系、将存托凭证纳入市值计算范围等内容。

在深沪港通方面，2014年以来，上海证券交易所先后发布《关于加强沪港通业务中上海证券交易所上市公司信息披露工作及相关事项的通知》《关于修订〈香港中央结算有限公司参与沪股通上市公司网络投票实施指引〉的通知》《上海证券交易所港股通投资者适当性管理指引（2017年修订）》《关于互联互通机制港股通股票调入相关安排的通知》《关于发布〈上海证券交易所港股通委托协议必备条款（2016年修订）〉》和《〈上海证券交易所港股通交易风险揭示书必备条款（2016年第二次修订）〉的通知》《关于修订〈上海证券交易所港股通交易风险揭示书必备条款〉的通知》等一系列的政策文件。2016年以来，深圳证券交易所也发布了《关于深港通业务中上市公司信息披露及相关事项的通知》《关于修改〈深圳证券交易所交易规则〉涉及交易参与人若干条款的通知》《关于深股通标的上市公司披露中英文要览的通知》《关于修订〈深圳证券交易所港股通交易风险揭示书必备条款〉的通知》《关于修改〈深圳证券交易所深港通业务实施办法〉的通知》等文件。由于我国香港特区已经允许双层股权结构的推进和实施，因此，随着深

---

① Tallarita, R., "High Tech, Low Voice: Dual-Class IPOs in the Technology Industry", *Harvard Law School Working Paper*, 2018.

沪港通等一系列制度的出台和规范，我国通过深沪港通的方式推进双层股权结构制度也是进一步可以发展的方向。

除此之外，正如前述，我国《上市公司治理准则》不断进行修订，《证券法》也根据时间的演进而不断地完善。因此，可以说作为积极推进双层股权监督管理的制度体系，我国相关法律制度规范以及证券交易所规则已经对实施事前监管打下了坚实的基础。

二　事后救济不断完善

随着证券立法、监管、执法力度的持续纵深推进，我国证券违法犯罪惩处机制与纠纷解决机制均在不断完善。证券监督执法部门严厉打击背信损害上市公司利益等相关违法行为，并通过健全完善先行赔付、证券行政和解等相关制度，使得投资者权利救济日益便捷。已获准设立的上海金融法院，也将不断提高专业化水平，营造良好金融法制环境。

以我国证券纠纷解决机制为例，2012年6月，中国证券业协会分别发布了《中国证券业协会证券纠纷调解工作管理办法（试行）》《中国证券业协会调解员管理办法（试行）》《中国证券业协会证券纠纷调解规则（试行）》等一系列规定，对于证券市场的纠纷解决做出了一系列的制度规范。2016年，为了进一步完善证券行业调解工作，中国证券业协会又正式发布《中国证券业协会证券纠纷调解工作管理办法》与《中国证券业协会证券纠纷调解规则》等文件，推进我国证券市场纠纷解决的制度建设进一步完善。同我国证券纠纷解决机制的制度建设相配套，中国证券业协会也积极加强证券纠纷解决的组织建设，包括成立证券调解专业委员会、证券纠纷调解中心等组织，为证券纠纷解决的统筹协调和领导打下了坚实的组织保障。在地方层面，以浙江省为例，浙江省证券协会的前身浙江证券期货业协会于2002年就成立了浙江证券期货合法权益保护投诉中心。

从我国证券业相关诉讼案件的变化来看，2009年以来我国证券业相关诉讼案件不断下降，但是2011年之后却呈现出不断上升趋势。

2017年，我国证券业相关诉讼案件达到近年来的最高值，超过1000件，为1286件。不过，2018年，我国证券业相关诉讼案件又下降为789件。

从我国证券业纠纷解决机制相关制度的出台、我国证券业纠纷解决组织体系的不断建立以及我国证券业相关诉讼案件的变化趋势来看，从侧面反映了我国证券市场事后救济制度不断完善，在维护市场主体积极参与资本市场方面发挥了积极的作用和价值。由于积极推进双层股权结构也需要完善的事后救济机制和制度的不断完善，因此，我国证券市场事后救济制度的不断完善为我国双层股权结构的推行打下了坚实的制度基础。（见图6-1）

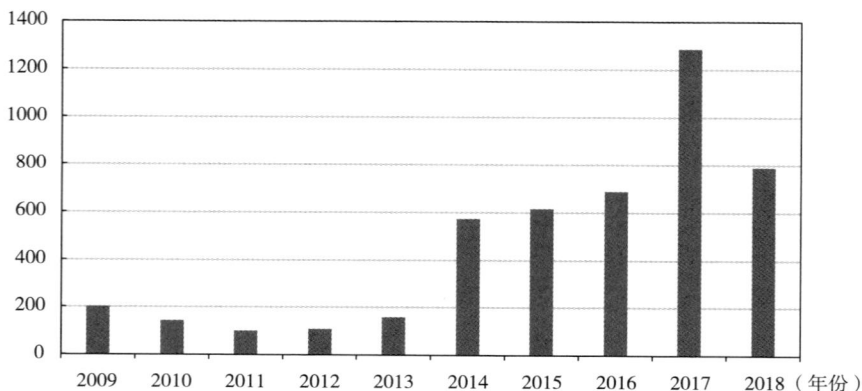

图6-1　2009—2018年我国证券业相关诉讼案件总量[1]

第二节　适于双层股权结构制度的资本市场

经合组织（OECD）曾提出引入双层股权制度需要满足的三个条件，即有效的资本市场、法律法规预防机制及适当的惩罚实施机制。资本市场的有效性是双层股权结构制度应用的重要基础。

---

　　[1] 《从诉讼大数据看证券行业这十年》（2019年4月1日），2020年3月1日，搜狐网（https://www.sohu.com/a/305352049_168424）。

一　企业估值与业绩的高匹配性

资本市场的有效性，即资本市场对企业估值与业绩的较高匹配性是实施双层股权结构的重要基础。在我国资本市场监管制度尚未完全建立、我国资本市场监管环境依然严峻、各类市场主体风险偏好依然较高的背景之下，我国资本市场估值同上市公司的业绩匹配性不是较高。随着我国较为完善的资本市场制度不断建立，在我国资本市场监管环境、个人投资者和机构投资者市场风险偏好的不断降低等因素不断变化的情况之下，无论是个体投资者，还是机构投资者，对于投资目标对象的选择更加倾向于业绩较好的股票，并且对于业绩较好的股票给予更高的估值。有关研究显示，当前，以机构投资者为代表的资本市场投资主体正在不断减持创业板股份而不断增持主板上市公司的股票，这是我国资本市场企业估值和业绩的匹配度不断提升的标志。

二　新股发行与退市日益常态化

新股发行与退市的常态化也是实施双层股权结构必不可少的一个资本市场特征。我国证监会近年来保持政策定力，新股发行常态化机制不断健全。资本市场已建立包括主板、中小板、创业板、新三板、科创板在内的多层次市场格局，能够为处于生命周期不同阶段的企业提供全方位的筹资机会。[①] 同时，市场化的退市指标体系以及严格、稳定的退市实施机制，对疏通实体经济发展"血脉"发挥着积极作用。不同类型的公司可以选择相应的融资市场，更有权选择不同的公司治理模式。

在我国建立新股常态化发行机制方面，2017 年全国金融工作会议

---

① 宋建波、文雯、张海晴：《科技创新型企业的双层股权结构研究——基于京东和阿里巴巴的案例分析》，《管理案例研究与评论》2016 年第 4 期。

召开以来，我国证券监督管理部门围绕服务实体经济、防控金融风险、深化金融改革三项基本任务，不断推进我国新股发行的常态化进程，并且不断实现我国新股发行的常态化。具体来看，从 2009 年以来，除 2013 年因特殊情况没有任何新股发行之外，其余年份均保持常态化的新股发行。比如，2009 年，当年新股发行有 110 家，2010 年，新股发行的数量有 346 家。2017 年，我国首次公开发行的新股达到 10 年来的最高数量，为 380 家。2019 年，我国首次公开发行的新股超过 200 家，为 201 家。

不仅如此，我国股票退市机制也在不断健全和完善。2014 年 2 月 7 日，中国证监会第 24 次主席办公会议审议通过《关于改革完善并严格实施上市公司退市制度的若干意见（证监会令第 107 号）》，对于健全上市公司主动退市制度、实施重大违法公司强制退市制度、严格执行不满足交易标准要求的强制退市指标、完善与退市相关的配套制度安排、加强退市公司投资者合法权益保护、进一步落实退市工作责任等进行了详细的规范。2018 年 7 月 27 日，中国证监会（2018）发布《关于修改〈关于改革完善并严格实施上市公司退市制度的若干意见〉的决定》，对 2014 年所发布的《关于改革完善并严格实施上市公司退市制度的若干意见（证监会令第 107 号）》进行了修订，进一步完善了重大违法强制退市制度、进一步强化了证券交易所的退市制度实施主体、进一步明确了重大违法强制退市公司的控股股东、实际控制人等主体的相关责任。可以说，随着退市制度的不断完善，我国已经不断实现退市常态化。根据公开披露的数据显示，2009 年到 2012 年，我国退市企业数量均为 0 家。之后，我国每年都有退市事件发生，比如，2013 年我国企业退市的数量有 3 家，2014 年有 1 家企业退市。2015 年、2016 年和 2017 年，我国退市企业的数量分别达到 3 家、1 家和 2 家。2018 年和 2019 年，我国退市企业进一步增加，两年退市企业数量均超过 10 家，分别为 14 家和 18 家。（见图 6-2）

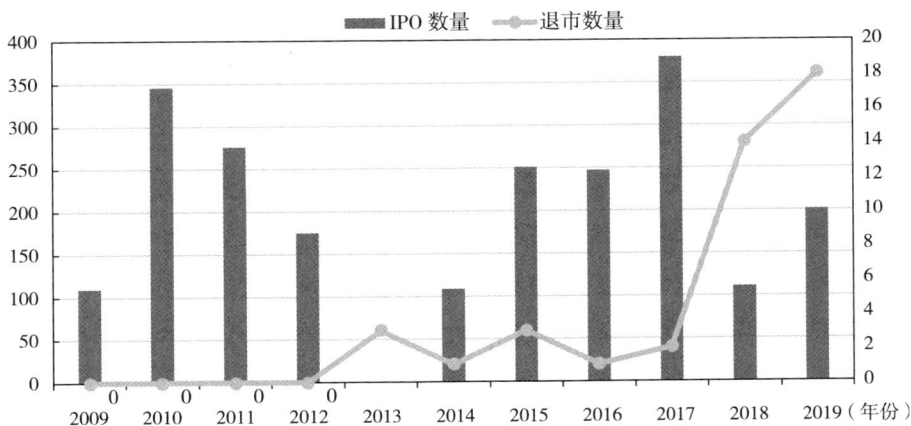

图6-2　2009—2019年我国新股上市和退市数量

数据来源：笔者根据公开披露的数据整理。

三　市场上的投资者趋于理性

双层股权结构制度的实施需要市场上存在比较成熟的投资主体，且投资者结构中散户数量不宜过多。美国直接持股的散户大约占10%，份额占比非常小，成熟的投资群体为实施双层股权结构奠定了比较良好的投资者基础。近年来，我国A股机构投资者持股占比得到显著提升，外国投资者参与A股交易范围也将进一步放开，资本市场投资主体日益丰富，投资者也更加趋于理性。

一方面，我国资本市场投资者逐渐丰富。根据王瑞璇的研究，2017年第一季度，在我国A股市场的机构投资者和个人投资者中，投资者类型不断丰富。[①] 其中，在个人投资者中，散户投资者和个人大股东是主要的成员，2017年第一季度的散户投资者投资占比将近30%，为29.49%；个人大股东持股比例为2.78%。在机构投资者中，我国机构投资者包括一般法人、国家队、基金、信托、阳光私募、保险、海外投资者、社保基金、券商集合理财、券商以及其他投资者，2017年第一季度，11类机构投资者所持有的A股流通市值占比分别为42.91%、

---

① 王瑞璇：《中国资本市场投资者结构大变革》，《金融经济》2018第8期。

6.91%、4.47%、0.09%、6.40%、2.84%、2.04%、0.56%、0.34%、0.13%和1.03%，全部机构投资者占比将近七成，为67.73%。显而易见，在我国资本市场的投资参与者中，机构投资者数量不断丰富。

另一方面，随着我国证券交易市场不断发展和成熟，除了传统的学校教育积极培养投资者之外，我国证券业协会也积极开展投资者教育，推进我国投资者趋于理性的进程。在传统的学校教育方面，金融专业长期以来是我国人才所"趋之若鹜"的热门专业；金融专业毕业生一直是我国金融行业的"香饽饽"。在我国证券业协会开展投资者教育方面，不仅大型上市公司均在官方网站开通了投资者教育的栏目，而且作为中国证券行业的"联合体"，中国证券业协会也在官方网站专门开辟了投资者之家的栏目，并设置了"证券e学""投资知识""产品展示""专家讲堂""模拟体验""维权保护""政策法规""投教进百校"等栏目，着力为投资者提升自身的专业知识提供平台。正是由于我国围绕投资者的教育不断深化和完善，并且形成了完善的投资者教育体系，推进我国投资者做出更加理性的投资决策。另外，投资者开展投资实践的过程也是投资者学习的过程，随着投资者开展投资实践活动的不断增加，投资者的投资水平也不断提升，从而使得投资者能够以更加理性的方式开展投资活动。

第三节　适于双层股权结构制度的行业特征

从理论上讲，双层股权结构属于股东之间的契约，应该不考虑行业属性，由公司股东自由决定是否实施双层股权结构。[①] 但是面临外部监管并非完美的真实环境中，将双层股权结构限定在某些行业可以显著降低代理成本。战略性新兴产业与传统产业不同，其主要从事的是创新活动，这一特征决定了战略性新兴产业需要有与之相匹配的股权

---

① 郭雳、彭雨晨：《双层股权结构国际监管经验的反思与借鉴》，《北京大学学报》（哲学社会科学版）2019年第2期。

结构安排。[1]主流的公司治理理论和架构可能并不适合，双层股权机构是战略性新兴产业实现控制权的一种有效制度安排。

一　战略性

战略性新兴产业是重大的国家发展战略，企业的物质资源需要投入到创新研发活动中，对其他用途的投入相对比较少。这类产业一般见效慢、需要长期资金投入，管理层可能迫于压力去选择短期见效的项目，做出一种扭曲的管理决策。根据美国证券价格研究中心（Center for Research in Security Price，CRSP）通过对 1988—2007 年间的数据跟踪发现，双层股权结构在新兴行业中使用的企业数目持续增长，而在传统行业中这一数字在不断减少。

二　整合性

战略性新兴产业必须实现对物质资本和人力资本的整合。管理者需要具备掌控企业的物质资本和人力资本的权力。而在人力资本中，企业家才能是最重要的要素，创始人及管理层是企业重要的核心竞争力，更是企业独特商业模式和企业文化的传承者。在企业的创立初期，需要大量的资本金投入，才能确保其经营规模不断扩大，抓住发展的机遇。对于创始人或管理层来说，为公司融资无非两种渠道，即股权融资和债务融资。[2]其中，债务融资一般需要较高的信用以及资产担保，这两点对于创立时间较短的企业来说均较为困难，而且债务融资的融资成本也会相对较高，债务杠杆增加破产的可能性，也会增加管理层丧失控制权的威胁；[3]而权益融资不需要信用和资产做抵押，融资成本相对较低，因此成为创始人或管理层更愿意选择的融资方式。然而，VC、PE

---

① 肖利平：《公司治理如何影响企业研发投入？——来自中国战略性新兴产业的经验考察》，《产业经济研究》2016 年第 1 期。

② 黄臻：《双层股权结构有效运作的条件——基于美国与香港市场的实证研究》，《上海金融》2015 年第 6 期。

③ Harris, Mi. and Raviv, A., "Capital Structure and the Informational Role of Debt", *The Journal of Finance*, Vol.45, No.2, 1990.

等外部投资者在给企业提供融资资助的同时，也给企业的后续发展带来了隐患，比如投资方会同时占据比较高的股权，这会影响创业团队的控制地位，进而影响专用性人力资本投入，对创业的积极性和公司的未来发展产生不利影响，这一问题在战略性新兴产业中表现得尤为突出。一旦投资者对创始人或管理层的发展方向和管理方式不认同时，很有可能凭借手中的股份，将创始人或管理层驱逐到公司之外。因此，基于战略性新兴产业整合性的特点，利用双层股权结构把握控制权变得尤为重要。

三　不确定性

创新活动一般风险比较高、不确定性大，这需要管理者决策的快速和果断。Chemmanur、Jiao 的研究发现，双层股权结构在研发密集型的行业中价值更加凸显。[①] 以互联网为代表的新兴产业的核心竞争力在于创新。我国学者王媛、傅康生通过对 2000 年到 2015 年所有在美国 IPO 采用双层股权结构上市的 36 家中国公司进行实证研究发现，互联网行业更有可能采用双层股权结构进行 IPO。[②] 石晓军、王鹜然利用 BvD–Osiris 全球上市公司数据库，对 2004 年至 2013 年全球互联网上市公司作为样本进行实证检验，发现双层股权结构制度对高技术行业企业创新具有显著的促进作用。[③]

基于以上三个特征，战略性新兴产业的管理者必须实现有效的控制，保证资源和收益的控制权掌握在企业管理者手中，而双层股权结构可以提供一种控制权实现的方式，形成长期激励，将管理者的能力和精力投入到创新活动中。当前我国拥有的大量未上市企业属于战略

[①] Chemmanur, T. J. and Jiao, Y., "Dual Class IPOs: A Theoretical Analysis", *Journal of Banking & Finance*, Vol.36, No.1, 2012.

[②] 王媛、傅康生：《中国公司海外上市双层股权选择的影响因素验证——基于美国 NASDAQ 市场分析》，《财会月刊》2017 年第 29 期。

[③] 石晓军、王鹜然：《独特公司治理机制对企业创新的影响——来自互联网公司双层股权制度的全球证据》，《经济研究》2017 年第 1 期。

性新兴产业，引入双层股权结构是非常有必要且紧迫的。[①] 对于战略性新兴产业来说，看似"好的"公司治理架构并不一定真正适合企业本身。从行业视角出发来分析，双层股权结构是具有合理性和科学性的，但对目前的主流公司治理理论可能存在一定的挑战。

第四节　适于双层股权结构制度的企业属性

推行双层股权结构制度的最终主体是企业，在打造形成适于双层股权结构制度的法律环境以及建立形成有效的资本市场之后，积极推进双层股权结构制度还必须做好对适用主体的分析。结合以往的研究以及资本市场相关数据，笔者认为科创企业、家族企业、文化传媒类企业、国有企业和国际化企业五类企业比较适用于实施双层股权结构制度。

一　科创企业

从科创企业的特点来看，它们多以轻资产经营为主，难以获得商业银行的贷款融资，而盈利周期又比较长，融资需求旺盛，因此科创类企业大多以股权融资为主，在"同股同权"的制度下，科创企业创始人或管理层面临股权被稀释的风险，甚至可能丧失公司经营决策权，科创企业对采取"同股不同权"架构的需求比较旺盛，希望通过双层股权结构在把握住企业决策权的前提下获得股权融资。[②]

如表 6-1 所示，根据 Wind 有关数据，在 A 股战略新兴产业企业中，股权结果相对分散的公司占比为 48.8%，相对控股的公司占比为 36.7%，绝对控制的公司占比仅为 14.5%。统计数据进一步证实了科创

---

① 吴新春、邢梅：《承认双层股权结构，适应新型公司治理实践》（2015 年 9 月 2 日），2019 年 8 月 6 日，上海证券交易所网站（http://www.sse.com.cn/aboutus/research/research/c/3986627.pdf）。

② 王春艳、林润辉、袁庆宏、李娅、李飞：《企业控制权的获取和维持——基于创始人视角的多案例研究》，《中国工业经济》2016 年第 7 期。

企业的股权大多相对分散，且随着不断进行融资所带来的股权稀释问题。随着这些企业规模的扩大或大股东有财务需求，后续的增发融资或股份减持是不可避免的，大股东的持股比例将随之降低，控制权丧失的风险加大，通过双层股权结构维持对公司的控制权是一个比较可行的方案。

表 6-1　　　　　　科创企业的第一大股东持股比例

第一大股东持股比例（%）	数量（家）	比例（%）
相对分散（0，30）	347	48.8
相对控制（30，50）	261	36.7
绝对控制（50，100）	103	14.5

资料来源：笔者根据Wind数据库整理所得。

二　家族企业

　　家族企业是指公司的股份或资本主要由家族持有，由家族成员担任公司的重要领导职位并由其实行对公司的控制。因为家族企业内部的血缘性以及家族的声望，使得家族企业的创始人及管理层更注重公司的长远发展以及家族企业文化的培养。家族企业创始人本人的见识及能力对企业的发展具有至关重要的作用。因此，要维护创始人在企业中的权威与地位，以保证企业的整体价值追求及整体发展。[1] 反之，若创始人的地位得不到相应的保障，可能给家族企业造成巨大的损失。历史上，美国家族企业是双层股权结构的重要使用者，以道琼斯、福特汽车、纽约时报、新闻集团等为代表的美国家族企业曾经因扩大融资而陷入股权稀释的境地，因此为保持住控制权而应用双层股权结构。Villalonga 和 Amit（2009）在对美国家族企业研究中发现，样本企业中62% 的家族企业使用双层股权结构来保持控制权。[2] 在我国经济发展过

　　① Chemmanur, T. J. and Jiao, Y., "Dual Class IPOs: A Theoretical Analysis", *Journal of Banking & Finance*, Vol.36, No.1, 2012.

　　② Villalonga, B. and Amit, R., "How are US Family Firms Controlled?", *The Review of Financial Studies*, Vol.22, No.8, 2009.

程中，家族企业同样起到了至关重要的作用。正如《中国家族企业发展报告》中所提出的，近30年来，我国家族企业数量比较多，尤其集中于广东、浙江和江苏一带，家族企业的快速发展促进了我国经济的快速增长。家族企业的创始人为便于家族事业传承，需要把握公司控制权，对双层股权结构也有着强烈的需求。

如表6-2所示，根据Wind统计，A股家族企业股权结构相对分散的公司占比为32.6%，相对控股的公司占比为38.3%。统计数据表明，家族企业的股权分散程度比较高，家族成员缺乏掌握企业控制权的途径，存在把握控制权的需求。随着家族企业的发展壮大或存在财务需求，创始股东需要增发融资或减持股份，则家族企业的持股比例将有所下降，因此也需要通过双层股权结构维护控制权地位。随着注册制的落地，尚未上市的家族企业是重要的潜在上市资源，承认双层股权结构有助于激发这些家族企业上市的积极性。

表6-2 家族企业第一大股东持股比例

第一大股东持股比例（%）	数量（家）	比例（%）
相对分散（0，30）	442	32.6
相对控制（30，50）	519	38.3
绝对控制（50，100）	394	29.1

资料来源：笔者根据Wind数据库整理所得。

三 文化传媒类企业

文化传媒类企业具有两个必然属性，即私利性与公益性。其私利性即盈利性，是指文化传媒类企业与其他形式的企业一样，在企业的运营过程中追求自身的经济利益，以满足公司发展以及公司员工的经济需要。其公益性是指文化传媒类企业在公司的运营过程中还要注重对民族文化的传播与传承，对广大社会公众的教育作用，以及对促进本国文化发展的作用。在美国，规模大的媒体公司普遍使用双层股权结构，例如默多克的新闻集团、哥伦比亚广播公司、纽约时报、华盛顿邮报等公司均采用双层股权结构。此外，其公益性还体现在该类企业可以采取一定的措施防止外国资本对本国文化传媒领域的入侵。我国文化传媒类企业在上市融资的过程中，可能会受到外来资本的冲击，影响中华文化的相对独立性。若在我国文化传媒类企业中适用双层股权制度，会有利于将公司的控制权掌握在公司管理层手中，避免外资股东对公司不必要的干涉以及降低该类企业被外资企业收购的风险，还有利于保持我国文化的相对独立性。

因此，鉴于该类企业具有鲜明的立场与观点并且其文化氛围比较浓厚，可将文化传媒类企业列入上市公司双层股权制度的适用范围。例如，报刊、网站、新媒体等的受欢迎程度与其整体设计风格息息相关，也与公司管理层的个人品位以及文化价值导向具有密切的关系。当文化传媒类企业的管理层发生变化后，由于个人品位及价值导向的不同，可能使其整体风格发生较大的变化，由此改变企业的客户群体。当公司的大股东为了经济利益选择牺牲企业的形象或者是传媒本身的公益性时，公司创始人由于没有足够多的股权而不能采取有效的措施，阻止大股东的行为，从而影响该企业的长远发展。[1] 若公司创始人享有多倍表决权，此时即可否决大股东提议的事项，维护文化传媒企业的发展宗旨。

四　国有企业

国有企业需要保证其国有性质，使公司决策权掌握在国家手中。根据传统公司法，这需要国家出资至少51%。双层股权结构的提出可以减少国家出资，不需要达到一定的比例就可以享有对公司的控制权。但很遗憾，目前的规则排除了国有企业。因为国资委作为国企的最大股东，其性质是国家机构，不能成为超级表决权股票的持有人。港交所的上市规则只允许董事个人作为受益人，上交所《科创板上市规则》第4.5.5条虽然规定"持股主体"也可以成为持有人，但必须是"应当

---

① 赵春辉：《我国上市公司双重股权制度研究》，硕士学位论文，湖南师范大学，2019年。

为对上市公司发展或业务增长等作出重大贡献，并且在公司上市前及上市后持续担任公司董事的人员实际控制的持股主体"。同理，也排除了公共性质的机构和事业单位。

上市目前是国有企业混合所有制改革的重要载体。随着混合所有制改革的推进，国有企业将引入国内机构投资者作为战略投资者，国家对国有企业的持股比例将受到一定程度的稀释，控股权地位将受到威胁。在当前科创板的制度规定中，具有科技创新性质的企业才能采用，即使是国有企业，若不符合科技创新的特点仍然不能采用该股权制度。为了维持国家对关键领域特别是国防军工等涉及国家安全的国有企业的控制权，承认并利用双层股权结构具有一定的合理性。双层股权结构是国家以最小代价维护控制权地位的最好方式。

如表 6-3 所示，据 Wind 统计，在 A 股国有企业中，31.1% 的中央国有企业与 32.6% 的地方国有企业的股权结构都是相对分散的，37.5% 的中央国有企业和 39.8% 的地方国有企业的股权结构可以实现相对控制。其中，在 A 股国防军工企业中，股权结构相对分散的公司占比为 38.0%，相对控股的公司占比为 44.8%。统计数据表明，国有企业目前的股权结构还是比较分散的，对双层股权结构是存在一定需求的。

表 6-3　　　　　　国有企业上市公司第一大股东持股比例

第一大股东持股比例（%）	中央国有企业		地方国有企业	
	数量（家）	比例（%）	数量（家）	比例（%）
相对分散（0，30）	108	31.1	217	32.6
相对控制（30，50）	130	37.5	265	39.8
绝对控制（50，100）	109	31.4	184	27.6

资料来源：笔者根据 Wind 数据库整理所得。

五　国际化企业

一方面，在海外上市的公司中，大多数采用双层股权结构发行股权，其中不乏百度、京东、微博、去哪儿等知名企业，阿里巴巴的合伙人制度实质也是双层股权结构。这些海外上市公司对双层股权结构有着强烈的需求，只要我国承认双层股权制度，部分海外上市企业将回归境内交易所或在上海自贸区平台发行 A 类股票上市。另一方面，随着资本市场双向开放与人民币国际化的推进，国际企业在上海自贸区平台或在境内交易所发行股票将成为可能。国际企业为多渠道融资并提高品牌知名度，也会考虑在中国发行股票。在国际企业中，有些是采用双层股权结构的上市公司，如 Google、Facebook 等。为了维护创始大股东的控制权地位，这些企业将选择在我国发行 A 类股票，同时保留 B 类股票。这些国际企业对发行双层结构股票的需求使得我国承认双层股权结构是非常必要的。

第五节　适于双层股权结构制度的管理层特质

管理层的动机、声誉和能力也是影响双层股权结构实施的重要边界条件。如果管理层有做好企业的动机、存在较高的声誉、拥有较强的管理能力，那么双层股权结构可以使管理层把握住公司控制权，投入专用性人力资本避免短视，注重长期投资，提升企业价值。反之，如果管理层动机不纯、声誉不佳且管理能力不足，那么双层股权结构将把公司控制权放在一个不值得托付的管理者手中，加剧代理成本，侵害中小股东权益，进而损害公司的价值。

一　管理者动机

动机是一种十分复杂的心理现象，特定需求引发动力。动机具有隐蔽性，不能被直接观察到，只能通过行为、行动以及结果来推断其动机。管理者是一个有限理性的个人，这就决定了其行动将会在给定条件和约束范围内，做出有利于自身利益最大化的行为。也就是说，需要根据动机理论和管理者有限理性的假定，对管理者进行激励和约束。而对于一个想创业、想把企业办好的管理者来说，物质性激励，如工资、奖金和福利等，并不是激励其投入专用性人力资本的最重要的影响因素。反而，工作本身的趣味性、工作任务的挑战、人与人之间的交往、工作成就感和自豪感等往往是激励管理者长久工作的内在动力。在这一点上，无论是国内还是国外的管理者都是一样的。因此，如果实施双层股权结构的公司，管理者有这种做好企业的动机，那么将控制权托付给创业者团队将会对管理者个人产生强大的激励，促进企业成长发展。

二 管理者声誉

在市场经济发达的国家，声誉是影响管理者个人职业生涯的金字招牌，声誉市场是约束管理者行为、缓解信息不对称、降低道德风险的一种有效的外部治理制度安排。20 世纪 80 年代，西方学者 Fama[1]、Kreps[2] 等、Milgrom、Roberts[3] 开始了对管理者个人声誉的相关研究。他们的研究结果一般证实了管理者个人声誉对企业绩效的显著影响，声誉市场的存在可以对管理者形成有效的激励和约束，降低代理成本和道德风险。我国学者金雪军、郑丽婷基于 2005—2012 年上市公司的面板数据进行实证研究发现，管理者声誉对企业的长期业绩提升产生显著的促进作用。[4] 以往我国企业家并不重视企业和管理者个人的声誉，但是，随着当前我国正在深入推进改革开放进程，国民素质普遍提高，管理者声誉越来越受到媒体和公众的关注。如果企业采用双层股权结构制度，将控制权掌握在具有良好声誉的管理者的手中，以经营业绩为导向的市场化激励机制，将会降低管理者道德风险和缩小权力寻租空间。

① Fama, E. F., "Agency Problems and the Theory of the Firm", *Journal of Political Economy*, Vol.88, No.2, 1980.

② Kreps, D. M., Milgrom P., Roberts J. and Wilson R., "Rational Cooperation in the Finitely Repeated Prisoners' Dilemma", *Journal of Economic Theory*, Vol.27, No.2, 1982.

③ Milgrom, P. and Roberts, J., "Predation, Reputation, and Entry Deterrence", *Journal of Economic Theory*, Vol.27, No.2, 1982.

④ 金雪军、郑丽婷：《谁能成为明星 CEO——管理者声誉的来源及影响》，《经济理论与经济管理》2015 年第 9 期。

三 管理者能力

并不是所有人都适合做管理者或创业者。Hambrick 认为，管理者是企业决策的根源。[1]Ooghe 和 Prijcker 的研究将企业失败的过程分为四种类型，这四种类型的企业失败或多或少都与初创企业管理层表现出来的能力不足或技能欠缺有关。[2] 能力强的管理者可以更好地了解企业自身情况、行业发展情况，对获得的内外部信息有效整合从而做出更加科学合理的决策。管理者会进行社会比较或者自我比较，一旦发现自己受到了不公平对待，对管理者能力的发挥将会产生不利的影响[3]。在公司多轮融资而管理者股份被不断稀释的过程中，管理者的决策影响力不断下降，而且很可能丧失公司控制权而不能对公司的未来发展进行决策。双层股权结构让具备管理能力的管理者在把握住公司控制权的前提下进行融资，更有利于企业长远发展。

第六节　简要结论

本章分为四个主体节对双层股权结构制度的适用性进行了深入的分析。具体从"适于双层股权结构制度的制度环境""适于双层股权结构制度的资本市场""适于双层股权结构制度的行业特征""适于双层股权结构制度的企业属性"和"适于双层股权结构制度的管理层特质"五个层面进行了深入的解析。

在"适于双层股权结构制度的制度环境"节，笔者对适用于双层股权结构制度的法律环境进行了深入的探索，认为推行双层股权结构制度必须建立在事前监管逐步完备和事后救济不断完善的基础之上。当

---

[1]　Hambrick, D. C., "Upper Echelons Theory: An Update", Vol.32, No.2, 2007.

[2]　Ooghe, H. and Prijcker, D. S., "Failure Processes and Causes of Company Bankruptcy: ATypology", *Management Decision*, Vol.46, No.2, 2008.

[3]　张敦力、江新峰：《管理者能力与企业投资羊群行为：基于薪酬公平的调节作用》，《会计研究》2015 年第 8 期。

前，我国资本市场无论是事前监管的完备性，还是事后救济的完善性，均具有推行双层股权结构制度的条件。

在"适于双层股权结构制度的资本市场"节，笔者认为有效的资本市场是推行双层股权结构制度的重要前提，包括市场主体的估值和业绩的匹配性必须不断提高，新股发行和退市常态化的机制必须建立，以及投资者不仅要丰富而且也必须是理性的投资者。通过分析我国资本市场在这三个方面的基本情况，可以看到，无论是估值与业绩的匹配性，还是新股发行与退市的常态化，抑或投资者不断丰富和理性方面，我国资本市场的有效性不断提升，为推进双层股权结构制度创造了良好的条件。

在"适于双层股权结构制度的行业特征"节，笔者认为战略性新兴产业具有战略性、整合性和不确定性等特点，战略性新兴产业的管理者必须实现有效的控制，保证资源和收益的控制权掌握在企业管理者手中，而双层股权结构可以提供一种控制权实现的方式，形成长期激励，将管理者的能力和精力投入到创新活动中。

在"适于双层股权结构制度的企业属性"节，笔者结合以往的研究以及资本市场相关数据，提出并分析了适用于引入双层股权结构制度的五大主体企业，分别为科创企业、家族企业、文化传媒类企业、国有企业以及国际化企业。

在"适于双层股权结构制度的管理层特质"节，笔者认为管理层的动机、声誉和能力，是影响双层股权结构实施的重要边界条件。如果管理层有做好企业的动机、存在较高的声誉、拥有较强的管理能力，那么双层股权结构可以使管理层把握住公司控制权，投入专用性人力资本避免短视，注重长期投资，提升企业价值。反之，如果管理层动机不纯、声誉不佳且管理能力不足，那么双层股权结构将把公司控制权放在一个不值得托付的管理者手中，加剧代理成本，侵害中小股东权益，进而损害公司的价值。

第七章

中国企业双层股权结构制度的范式设计

双层股权结构制度可以有效解决公司发展进程中募集资金和保持表决权之间的矛盾，也存在公司内部超级表决权股东对于外部股东利益进行侵害的可能，这是双层股权结构制度与生俱来的两面性。与国际上对双层股权结构应用已久不同，双层股权结构制度对于国内资本市场来说仍然是一种新生制度，我国资本市场目前正在积极探索双层股权结构的上市制度改革。结合国内外理论进展和实践探索，可以为我们进一步设计表决权制度创新及边界划定带来启发。本章将从可操作性视角出发，对双层股权结构制度的范式设计进行探讨。

第一节　中国企业双层股权结构制度范式设计的前提条件

无论是美国资本市场，还是加拿大资本市场，均经历了由"自由放任"到"适度监管"的基本过程。实施采用双层股权结构制度需要满足一些外部的前提条件，然而，我国现行法律法规对中国引入双层股权结构制度设置了重重障碍。虽然近年来监管部门对上市公司的规制渐趋放松，但是仍然存在比较大的突破空间。

一　放宽《公司法》对"一股一权"的强制性规定

公司之间的情况千差万别，创始人和管理者对公司股市安排的偏好也不尽相同。强制性规定可使管理者根据环境变化来调节交易的制度安排，进而阻止为增加共同福祉而采取的行动。如果强制性规范存在不符合降低成本的情况，应该随着环境变化而做相应调整来改变规范，但是立法当局经常行动迟缓，对关键问题难以迅速做出决断（柴芬斯，2001）。纵观我国 1993 年、2005 年、2013 年、2018 年各版本的《公司法》，"一股一权"都是我国秉持的基本原则，一直延续至今，这是我国《公司法》坚持平等原则的体现。我国《公司法》第 34 条明确规定，有限责任公司可以自主约定企业盈利分配方式及股东表决权所占比例大小，通过约定排除了法定的"一股一权"原则；第 42 条则反映了有限责任公司在不违反"一股一权"原则基础之上可以以公司章程规定的方式排除"一股一票"原则在公司中的运用。但是我国《公司法》对于上市的股份有限公司，则规定了必须严格按照"一股一权"原则实施股权结构，禁止上市公司利用公司章程另行规定其他股权结构，这一规定主要体现在我国《公司法》第 103 条，"股东出席股东大会会议，所持每一股份有一表决权"，即通常所说的"一股一权"原则。由此可以看出我国《公司法》并不允许股份有限公司发行双层股权结构。我国《公司法》严格执行"同股同权"原则容易造成股权结构安排的僵化，缺乏弹性的股权结构将不利于企业的创新发展。[①]

尽管我国《公司法》并未允许股份有限公司在公司章程里规定股东可以不按照出资比例行使表决权，但是我国《公司法》第 131 条却规定了国务院有设置类别股的权力。因此，双层股权结构在我国存在司法发展空间。未来可以考虑将《公司法》第 101 条第 1 款修改为："股东出席股东大会会议，所持有每一相同种类股份有相同表决权。但是，公司持有的本公司股份没有表决权。"本条修改后，将原来一概规定"一股一权"，转变为与《公司法》第 126 条相一致的"同股同权"，从而既保留了"一股一权"普通股，不影响《公司法》实践中仍以普通股为主流股权结构，又为不同投票权股预留制度空间。

二　强化和完善上市公司强制性信息披露机制

能够有效降低各方信息不对称水平信息披露机制，是双层股权结

---

① 张舫：《一股一票原则与不同投票权股的发行》，《重庆大学学报》（社会科学版）2013 年第 1 期。

构制度开展的前提和基础。在缺乏充分而有效的信息披露机制情况之下，究竟双层股权结构对于实施该制度的公司股票价值造成多大影响，目前的度量都是缺乏客观性和准确性的。对于公司的外部投资者来说，并不能有效判断是否应当投资持股，最终造成因信息不对称而带来的损失。美国的上市政策明确规定，公司在 IPO 前，发行人必须在招股说明书中突出披露公司的双层股权结构设置，并对可能产生的风险和危害做出警示。我国资本市场投资者的成熟度依然缺乏，散户投资者跟风投资的现象依然没有得到根本扭转，建立健全充分而有效的信息披露机制显得更为重要，这对于提升上市公司的信息披露水平、增加上市公司公开透明度乃至弥补我国投资者保护力度不足等问题均具有重要意义。

综合不同学者、不同层面的意见和建议以及观点表达，笔者认为在推进双层股权结构制度过程中，需要上市公司强制性披露的双层股权结构信息至少应包括以下五个方面内容：一是特定公司采用双层股权结构而不是单层股权结构的原因分析以及必要性和安全性；二是特定公司所采取双层股权结构制度自身的运行机制、特定公司推行双层股权结构制度防止侵害的保障机制；三是不同股权表决权差额以及相应的权利和义务，超级投票权占比；四是普通股权股东表决权丧失的补偿机制；五是披露控制人与普通股东的投票结果，这是一种对管理者不良行为的软约束，也可以给管理者提供一种后续治理行为变革的信号。[1]

需要特别指出的是，强化和完善上市公司强制性信息披露机制并不是成功推进双层股权结构制度的万能药，由于信息流动单向性的存在以及企业内部人和外部投资者之间所存在的信息不对称、利益冲突等原因，上市公司强制性信息披露机制的完善必须建立在同其他上市公司机制进行协调的基础之上，包括做好强制性信息披露同投资者保护制度之间的有效配合、强制性信息披露同公司内控机制之间的协调配合以及强

---

① Sauerwald, S., Van, O. J. and Van, E. M., "Expressive Shareholder Democracy: A Multilevel Study of Shareholder Dissent in 15 Western European Countries", *Journal of Management Studies*, Vol.53, No.4, 2016.

制性信息披露同司法救济机制之间的联合运行等，唯其如此，才可能看到强制性信息披露机制的建立切实发挥应有的最大化功效。

三　加强监管机构对双层股权结构的监管职能

为切实保护公司股东的合法权益，监管部门需要加强对实施双层股权结构公司的监管和审查，[1] 如监管机构可以制定"双层股权结构规则指引"等规章制度，对超级表决权的比例设置、退出机制等问题进行规定。在当前上海证券交易所科创板试行注册制的背景下，对监管重点转移提供了一个导向性思路，即中国证监会和证券交易所的监管中心从事前监管，向事中、事后的持续性监管转移。为了更好地发挥中国证监会行政监管和证券交易所自律监管的作用，必须着力解决当前我国重证监会行政监管、轻证券交易所自律监管的问题。具体地，当前证券交易所的监管比较被动，主要是在证监会的领导下开展，自律监管的范围比较有限。我国《证券法》对证监会监管范围做出规定，证券交易所的监管权力散见于各类法律法规之中，没有很好地发挥出行政管理与市场之间的润滑剂的作用。因此，必须加强包括中国证监会和证券交易所在内的监管职能，通过立法将证券交易所的监管职能法治化、明确化、系统化，防止监管的缺失。

四　完善上市公司相关法律法规中的事后救济机制

双层股权结构制度最大的隐患就在于对中小股东的保护机制是否健全有效。如前所述，在双层股权结构制度中，由于信息不对称、信息有效性验证困难等原因的存在，即使在股权占比高的情况之下，外部投资者也可能缺乏足够的表决权来对特定上市公司的内部人形成有效的监督。中小股东对公司股东大会的影响程度很低，往往很难进行

---

[1]　Elson, C. M. and Ferrere C. K., "Snap Judgment-Unequal Voting and Business Judgment Rule", *Center for Governance Research Working Paper*, 2019.

有效反对。如果卷入证券侵权诉讼中，中小投资者往往处于不利地位，取证难、人数多、地域广、诉讼成本高等原因导致投资者在维护自己利益的道路上困难重重。因此，对于特定上市公司内部人的滥权行为除了"用脚投票"之外，可能缺乏其他有效的手段；为此，就需要探讨从法律法规层面赋予外部投资者针对内部人滥权行为的起诉权。比如，在美国，针对双层股权结构制度的监管体系已经日趋走向成熟，有比较良好的诉讼文化。在美国的制度环境中，起到关键性制度设计的是证券的集体诉讼制度（class action），这被视为双层股权结构制度设计中对于外部投资者保护的"最后一道防线"。然而，反观我国，有集体诉讼的司法解释，但关于诉讼的立法和实施，我国不仅当前的证券市场相关法律法规没有对集体诉讼制度做出相应的规定，而且在《证券法》《公司法》乃至《民事诉讼法》中也鲜有涉及集体诉讼机制的引入。如此一来，在我国推行双层股权结构制度过程中，必然面临通过集体诉讼机制对实施双层股权结构制度的上市公司的内部人形成有效约束的制度安排的缺失。令人遗憾的是，在我国学术层面，对于集体诉讼制度是否应当引入依然不能达成一致，在学术层面缺乏共识的情况之下，集体诉讼制度纳入证券市场相关法律法规依然任重道远。究其原因，中美司法制度的不同、诉讼文化的差异以及集体诉讼可能造成的滥诉等因素难辞其咎，显著制约了集体诉讼机制的引入。

针对此问题，笔者坚持折中方案，既要在我国双层股权结构制度中引入集体诉讼机制，也不能完全照搬美国的方案。从现实经验视角来看，可以借鉴台湾地区的典型做法，将普遍存在美国证券市场的集体诉讼制度引入我国民事诉讼法，推进民事诉讼法中的代表人诉讼制度进一步完善，从而充分发挥二者的优势。将集体诉讼制度引入我国民事诉讼法中比较符合我国资本市场中以散户居多的投资者结构特点。在这种引入集体诉讼机制的设想中，既可以采取先试点、再推行的推广路径，也可以先在我国证券市场上建立核心制度，赋予持有普通表决权的外部投资者集体诉讼权利，在此基础上，进一步通过配套机制的引入逐步完善，从而不断弥补实施双层股权结构制度之后的内部控制机制失灵等问题。此外，拟采用双层股权结构的企业，应当先制定合理的投资者保护方案，交由监管机构审核、批准、备案，充分满足中小投资者的决策要求，形成对中小投资者的有效保护。

第二节　中国推进双层股权结构制度的主要思路

结合美国、加拿大等双层股权结构制度推行的先行国家的经验，以及我国资本市场的发展状况以及在我国推行双层股权制度可能遭遇的风险问题，应当采取分类分布、试点先行的方法逐步展开，以避免不必要的损失，从而最大限度地发挥双层股权结构制度对我国经济社会发展以及企业竞争力提升的积极作用，规避双层股权结构制度推行过程中可能存在的问题以及可能带来的风险。

一　实施双层股权结构的认定标准

在重点领域的优先试点选择方面，我国可以基于行业和公司自身的特质两个方面来确定实施双层股权结构的认定标准，并基于人力资本重要性和战略性新兴产业与否两个维度对所有的企业进行划分，将是否应该鼓励实施双层股权结构的企业分四个方面，分别为鼓励实施双层股权机制企业、建议实施双层股权机制企业、可以实施双层股权机制企业和建议实施同股同权机制企业。其中，鼓励实施双层股权机制企业具有高人力资本重要性以及战略性新兴产业的特征；建议实施双层股权机制企业具有高人力资本重要性和传统产业的特征；可以实施双层股权机制的企业为具有低人力资本重要性和战略性新兴产业的特征；建议实施同股同权机制的企业具有低人力资本重要性和传统产业的特征。

对于具有高人力资源重要性和战略性新兴产业的鼓励实施双层股权机制企业而言，应当率先试点试行双层股权结构制度，这些企业高度依赖人力资本，并且属于战略性新兴产业的企业。在这种类型的企业发展进程中，在公司发展的某个阶段，普遍存在获得融资和保证企业控制权之间的突出矛盾问题，考虑到公司决策的连贯性以及管理层的稳定性对于这类公司的发展至关重要，并且这种类型的企业往往又是具有高度资本专用性以及知识密集型的企业，因此，无论是从理论分析的视角，还是从实践探索的视角，均应当作为推进或率先试点双层股权结构制度的重要对象。

对于具有高人力资本重要性和传统产业的建议实施双层股权机制的企业而言，由于高度依赖人力资本，所以，人力资本在公司发展壮大的过程中具有重要的意义和价值。但是，这些企业又是传统产业，不是战略性新兴产业，或者这些企业是属于新技术对于传统产业改造后的传统产业。因此，对于这些行业企业而言，应建议实施双层股权机制。

对于具有低人力资本重要性和战略性新兴产业特征的企业而言，虽然对于人力资本的依赖性低，人力资本投入的可替代性会比较强。但是，由于这种类型的企业同时具有战略性新兴产业的特征，属于知识密集型的企业。因此，对于这种类型的企业而言，可以实施双层股权机制。

对于具有较低人力资本重要性和传统产业特征的企业而言，由于不仅对于人力资本的依赖性较低，而且也是属于传统的行业，对于资本的需求更加强烈，所以，应当突出资本在公司发展过程中的重要性，因此，建议实施同股同权机制的股权结构设计原则。（见图7-1）

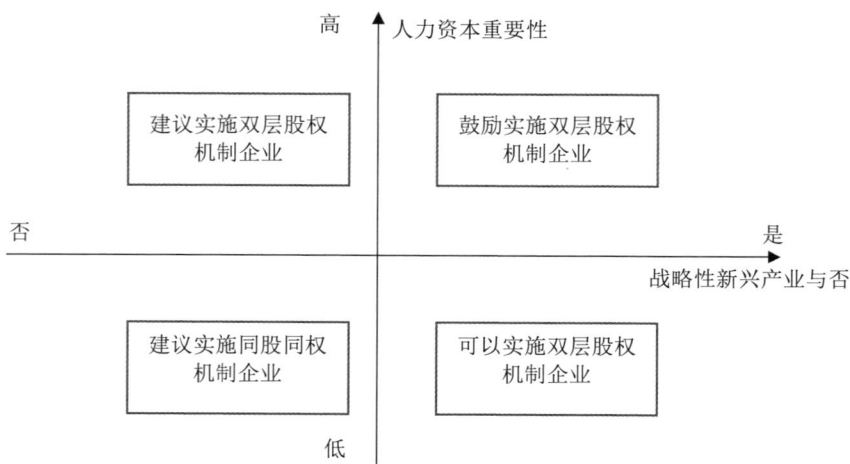

图7-1　采用双层股权结构的基本筛选标准

二 战略性新兴产业企业设置双层股权结构

对于战略性新兴产业企业来说，财务资本和知识资本是企业发展的关键资源，这类企业一般以轻资产为主，在利用抵押等方式获得银行贷款方面具有天然的弱势。再加上，这类企业创业初期需要大量资本投入维持运营，盈利周期比传统企业更长，因此不得不去想方设法地融资。多轮融资轻则会使创业团队股份稀释，重则将会导致其进一步丧失控制权。由此，战略性新兴产业企业的控制权问题更加严峻。

战略性新兴产业是具有战略性的新兴产业，既是面向未来的产业，也是具有较高增长率的产业，对于优化经济结构、促进经济发展具有重要的意义和价值。[①]我国高度重视战略性新兴产业发展，2010年10月，国务院发布《关于加快培育和发展战略性新兴产业的决定》（国发〔2010〕32号），明确节能环保、新一代信息技术、生物、高端装备制造、新能源、新材料、新能源汽车七大产业为我国重点发展的战略性新兴产业。[②]2018年，国家统计局发布《战略性新兴产业分类（2018）》（国家统计局令第23号）[③]，进一步明确新一代信息技术产业、高端装备制造产业、新材料产业、生物产业、新能源汽车产业、新能源产业、节能环保产业、数字创意产业和相关服务业九大产业为战略性新兴产业，并对战略性新兴产业细分以及产品等内容进行了详细的阐释。可以说，无论是从理论研究层面，还是从国家政策视角来看，战略性新兴产业都是我国经济社会发展的重要着力点。

作为未来的产业，战略性新兴产业具有较高的成长性；较传统产业不同，战略性新兴产业大多属于知识密集型行业，对于人力资本的

[①] 施平、郑江淮：《战略性新兴产业的特征与发展思路》，《贵州社会科学》2010年第12期。

[②] 国务院：《关于加快培育和发展战略性新兴产业的决定（国发〔2010〕32号文）》（2010年10月18日），2019年8月20日，http://www.gov.cn/zwgk/2010-10/18/content_1724848.htm。

[③] 国家统计局：《战略性新兴产业分类（2018）》（国家统计局令第23号）（2018年11月7日），2020年3月7日，http://www.stats.gov.cn/tjgz/tzgb/201811/t20181126_1635848.html。

需求或依赖更为深刻。因此，可以说战略性新兴产业是典型的可以实施双层股权制度的行业。为了积极推进战略性新兴产业更好、更快地发展，就需要在战略性新兴产业中引入双层股权结构制度。无论是从理论的视角，还是从实践的视角，通过资本市场上市发行募集资金并在上市过程引入双层股权机制是推进战略性新兴产业更好、更快发展的理想方式。而作为更好地推动战略性新兴产业通过股票市场募集资金的重要保障，采用增量改革的方式，设立股票市场战略新兴板可能是理想的选择。为此，可以以我国已经明确的战略性新兴产业企业为主体，在我国资本市场引入战略新兴产业制度，鼓励我国战略性新兴产业通过战略新兴板上市。作为引入的战略新兴板制度的重要内容，允许战略新兴板块上市的战略性新兴产业实施双层股权制度是重要组成部分。也就是说，为了推进战略性新兴产业发展，基于战略性新兴产业是推进双层股权制度的理想行业原则，笔者所建议引入的战略新兴板制度是包含双层股权结构制度的资本市场板块。没有引入双层股权制度的战略新兴板块可以为战略性新兴产业的发展创造良好的融资环境，但是，有可能导致相关战略性新兴产业企业随着募集资金的增加而稀释相关上市公司的创始股东或高层管理人员的控制权，从而导致相关上市公司大权旁落。因此，从这个意义上讲，纵然不包含双层股权制度的战略新兴板可以实现为战略性新兴产业的融资需要，但是会造成相关上市公司创始股东对于公司控制权的逐步丧失，从而为相关企业募集资金更好地发展而埋下"隐忧"。这样就需要在引入战略新兴板制度过程中，着力强调双层股权结构制度机制，从而切实满足战略性新兴产业企业的融资需求以及创始股东对企业的"控制"的诉求。

三　国有企业分类设置双层股权结构

国有企业是我国社会主义市场经济的支柱，更是社会稳定发展的基石。双层股权结构制度有利于国有企业的长远发展、保护国家权益及完善国企公司治理。2015 年 8 月 24 日，中共中央、国务院印发了《关于深化国有企业改革的指导意见》，将国有企业划分为商业类和公益类两个大类，其中商业类国有企业又进一步分为主业处于充分竞争行业和领域的商业类国有企业（商业一类）和主业处于关系国家安全、国民经济命脉的重要行业和关键领域、主要承担重大专项任务的商业类国有企业（商业二类）两个小类。2015 年 12 月 29 日，国资委、财政部、国家发展改革委联合印发《关于国有企业功能界定与分类的指导意见》，对准确界定不同国有企业功能，有针对性地进行国有企业改革进一步提出意见。如表 7-1 所示，根据国有企业功能定位的不同，其主要目标与考核内容也不相同，股权结构设计也应着眼实际做灵活变换。

对于商业一类国有企业，其改革方向是完全的市场化，以增强国有经济活力、放大国有资本功能、实现国有资产保值增值为目标，应该充分发挥市场机制的灵活性，吸引各类非国有资本投资主体参与。国有资本可根据实际情况需要，灵活地以绝对控股、相对控股或者参股形式参与。具体地，可以对国有资本投资者设置优先股或限制表决权股，对非国有资本投资主体及核心管理人员设置超级表决权股，将实际控制权交给民营企业。避免国有企业体量过大给民营资本的参与带来忧虑，充分发挥民营资本在管理和机制上的优势，推进国有企业改革进程。[①] 对于商业二类国有企业，具有特定的战略使命和功能，国有资本保值增值并不是唯一的目标，改革在保持国有股控制地位的前提下进行，对国有资本投资主体及核心管理人员设置超级表决权股，以保持绝对控股地位，非国有资本投资主体及核心管理人员设置超级表决权股优先股或限制表决权股，在不改变国有股控制地位的前提下激励非国有资本创新和参股。公益类国有企业，以保障民生、服务社会、提供公共产品和服务为主要目标，这类企业一般以国有独资形式存在。

有两点需要特别注意，一是文化传媒类国有企业的双层股权设置。2018 年 12 月 18 日，国务院办公厅发布《关于印发文化体制改革中经营性文化事业单位转制为企业和进一步支持文化企业发展两个规定的

---

① 张继德、陈昌彧：《双重股权结构相关理论综述与国内推行展望》，《会计研究》2017 年第 8 期。

通知》（国办发〔2018〕124号），鼓励我国文化传媒国有企业探索实行国有资本优先股、国家特殊管理股等制度。在推进我国国有传媒企业混合所有制企业的改革过程中，双层股权结构的设计和引入同党中央和国务院关于推进国有传媒企业的混合所有制改革的要求是完全契合的。通过在国有传媒企业推行双层股权结构制度的形式探索国有传媒企业混合所有制改革的方式、方法和路径，不仅能够有效提升我国国有资本在传媒领域的控制力，还可以实现我国主流意识形态宣传工作，贯彻党和国家的指导思想，并且可以保持国有企业独立运营状态。二是对于商业二类国有企业中的竞争性业务以及具备条件可推行投资主体多元化的公益类国有企业，可以参考商业一类国有企业设置双层股权结构，根据实际情况对国有资本投资者设置优先股或限制表决权股，对非国有资本投资主体及核心管理人员设置超级表决权股。

表7-1   国有企业分类设置双层股权结构

国有企业分类	主要目标	考核内容	国有资本参与形式	双层股权结构设置
商业一类（主业处于充分竞争行业和领域的国有企业）	增强国有经济活力、放大国有资本功能、实现国有资产保值增值	经营业绩指标、国有资产保值增值和市场竞争能力	绝对控股、相对控股、参股	国有资本投资者设置优先股或限制表决权股；非国有资本投资主体及核心管理人员设置超级表决权股
商业二类（主业处于关系国家安全、国民经济命脉的重要行业和关键领域、主要承担重大专项任务的商业类国有企业）		要合理确定经营业绩和国有资产保值增值指标的考核权重，加强对服务国家战略、保障国家安全和国民经济运行、发展前瞻性战略性产业以及完成特殊任务情况的考核	绝对控股	国有资本投资主体及核心管理人员设置超级表决权股；非国有资本投资主体及核心管理人员设置超级表决权股优先股或限制表决权股（竞争性业务按商业一类设置双层股权结构）
公益类	保障民生、服务社会、提供公共产品和服务	成本控制、产品质量、服务水平、营运效率和保障能力、社会评价	国有独资，具备条件的可推行投资主体多元化	（具备条件可推行投资主体多元化的公益类国有企业）国有资本投资主体设置超级表决权股；非国有资本投资主体及核心管理人员设置优先股或限制表决权股（竞争性业务按商业一类设置双层股权结构）

资料来源：笔者编制。

四　先试点、后推广，渐进推进双层股权结构制度实践

近年来，以新加坡、中国香港资本市场为代表的一些国家和地区正在逐步接纳"同股同权"原则，允许上市公司采用双层股权结构上市，增加了本地资本市场的竞争力和吸引力。然而，证券交易所掀起的采用双层股权结构上市的热潮主要是为了争夺优质的上市资源，接二连三的证券市场倒戈步伐还是有些激进。[①] 实际上，从全球范围内来看，"同股同权"原则仍然是主流，所有权与控制权应该成比例的公司治理原则仍然是公司治理的主要规则。双层股权结构是一把"双刃剑"，其在损害中小股东利益、管理权滥用方面的隐患是我国在推进双层股权结构实践中务必重视的方面。当前，我国资本市场正处于加快改革发展的重要时期，虽然在资本市场规模与有效性、投资者成熟度、法制健全程度方面均有了长足的进步，但是我们离成熟的资本市场还存在一定差距。因此，短期内双层股权结构的推进应该非常谨慎，上海证券交易所科创板试点表决权差异安排是一次非常有益的尝试，可以采取小范围、先试点的方式对双层股权结构的实施效果进行观察和检验，积极探索中国化的监管经验和可复制经验，等到条件成熟时再进一步放开。

第三节　中国推进双层股权制度的具体举措

在我国引入双层股权结构的具体操作层面，双层股权结构制度需要对内部监管、认定标准、持有人、表决权限、退出机制、设立时机等方面进行明确的规定，从事前、事中和事后对上市公司双层股权结构设置予以明确，以实现"兴利除弊"。

一　进一步健全和完善上市公司内部控制机制

在双层股权结构制度设计中，董事会成员、高级管理层以及公司

---

① 安邦坤:《审慎推动双重股权结构公司上市》,《中国金融》2018 年第 8 期。

的实际控制人三个层面均有高度的重合性，并且对于公司的生产运营等均具有实质性的话语权。这在单层股权结构制度中是比较明确的，从而使得在单层股权结构制度条件下能够形成有效制衡的董事会、高级管理人员等制度设计。而这一设计不仅不能在分散股权时代充分发挥应有的作用和效果，而且在多数情况之下这些制衡机制也表现出"失灵"的窘境。在以美国为代表的分散股权资本市场国家中，公司董事会多由外部独立董事组成，这一股权结构安排可以为中国公司治理转型提供参考。[①] 为此，我国还需要从加强内部人监督的视角，进一步健全和完善上市公司在双层股权结构制度下的内部控制机制。关键之一是逐步提高董事会中独立董事的比例，充分发挥独立董事的作用。为了加强对于双层股权结构制度之下的内部控制，可以探索进一步加强独立董事以及由独立董事担任负责人的独立委员会的作用，充分发挥独立董事和独立委员会对于表决权的制衡和纠偏作用，使独立董事真正做到"独立"。清晰界定独立董事的任职资质、职责、职权等内容，以便进一步做好对于独立董事的监督以及对独立董事充分履行职权的激励约束。其次，为了加强对于双层股权结构制度之下的内部控制，还可以进一步推进监事作用的发挥，避免监事会沦为形式主义。当然，独立董事和监事制衡力量作用的发挥，还需要建立在所有股权在独立董事任命以及监事提名问题上具有平等表决权等的基础之上。如香港的企业管治委员会要求由独立董事构成，且独立董事的任免只适用于"一股一票"原则。除此之外，清晰界定公司管理层的财务报告责任，设立独立运行审计委员会以及薪酬委员会，这些也是对于双层股权结构制度之下内部人有效约束的重要机制。

二 确定科学的实施双层股权结构的认定标准

确定科学的认定标准是决定采用何种方式实施双层股权结构制度

---

① 李四海、吴伟节：《公司治理困境：当分散股权遇上中国传统文化》，《中国经济报告》2018 年第 11 期，第 76—78 页。

的关键。从实施双层股权结构的基本途径来看，以往的实践和学术研究提出了多种不同的方式。比如，以换股要约为代表的股权重置模式、通过发行新股实施双层股权结构制度等。由于在以换股要约为代表的股权重置模式下，需要对相关的章程等进行修改，而章程的修改导致了已经注册登记的普通股股权相关表决权的被剥夺或极大地削弱，因此，采用以换股要约为代表的股权重置模式不仅为外部监管部门的规章制度所禁止，而且也受到相关证券交易所相关规则的禁止，因此我国也需要对以换股要约为代表的股权重置模式在推进双层股权结构制度设计中进行严格的限制乃至禁止。这也是笔者所坚持的观点，即在我国引入双层股权结构制度过程中，必须禁止以换股要约为代表的股权重置模式，而应当采用发行新股的方式；从双层股权结构制度引入的落实视角来讲，这也是循序渐进增量改革的具体体现。

三　对超级表决权股份和普通表决权股份的持有人做出限定

在我国循序渐进推进双层股权结构制度过程中，除了对推行对象做出明确的规定之外，还应当对推进双层股权结构的超级表决权股份和普通表决权股份的持有人做出一定的限定。一般来讲，双层股权结构的持有人应仅限于创始人或现有的管理团队。只有这样才能保证创始人与所有股东利益相一致，保证与公司长期发展相一致。也就是说，在超级表决权股份的持有人方面，以公司创始人或者公司的管理层为宜，通过超级表决权的引入，保证公司创始人或者公司的管理层的稳定以及对公司战略的把控和坚守。在普通表决权股票的持有人或者交易人员方面，应发挥机构投资者的积极性。由于合格机构投资者具有较高的风险承受能力以及相应的专业知识水平，且在监督方面一般比较积极和有效，因此机构投资者可以采取多种方式参与公司治理，比如争夺公司控制权、解释函、股东决议等。虽然近年来，在政府推动下我国机构投资者发展迅速，不论从投资规模还是种类来看，机构投资者作为外部治理机制的作用正逐渐发挥；但是，与成熟市场经济国家相比，中国机构投资者在参与公司治理方面的实力还相对较弱，积极性还存在差距。未来我国需要加大力度引导社保基金、投资信托公司、信用合作社等机构投资者规范自身行为，积极采取集体行动，更好地发挥外部监督的作用。

四 适度限制拥有超级表决权股东的表决权限

由于双层股权结构制度设计本身所存在的财产权和表决权的不平衡性，拥有超级表决权的公司内部人拥有了同财产权利不相一致的表决权利，从而使得实施双层股权结构制度设计的上市公司本身股权和财产权之间关联度下降，这也是双层股权结构制度设计频遭诟病尤其是保守人士诟病的原因之所在。不仅如此，根据多项实证研究所得到的结论显示，由于双层股权结构制度下拥有超级表决权的内部股东可能因此而谋求过多的个人私利，限制双层股权结构制度下拥有超级表决权的内部股东的权利的措施对于降低双层股权结构制度下的委托代理成本具有显著的积极作用，从而使得双层股权结构制度的设计和推进更加的有效和高效；因此，在实践层面，采用双层股权结构制度设计的地区往往也同步引入超级表决权限制机制。

一般而言，可以通过两条主要的途径来对实施双层股权结构制度进行一定程度的限制。一方面，可以通过对超级表决权与普通表决权的数量差异进行限制。对于具体的数字，笔者认为同普通表决权股相比，超级表决权股所享有的表决权可以限定在 10 倍以内；如果同普通表决权股相比，超级表决权股所享有的表决权过多，实施双层股权结构制度的上市公司就表现为权利过度集中。比如，在京东，双层股权结构制度设计所规定的超级表决权股和普通表决权股之间的比例达到了 20 倍的高位，使得京东的刘强东作为超级表决权股所有人具有过多的权力。另一方面，可以针对不同的事项设置不同的超级表决权投票范围。比如，对于实施双层股权结构制度的经营管理问题、战略决策问题、涉及公共利益问题、涉及国家安全问题等，可以授予拥有超级表决权的内部人较多的表决权，对于派发股息、分红等财产收益权，可以设置平等的表决权。

五　明确双层股权结构回转单一股权结构机制

在双层股权结构制度中，存在超级表决权股和普通表决权股之间的区分，作为超级表决权股的特征之一，就是具有鲜明的人身属性，这也是双层股权结构制度设计的正当性或合法性基础。在双层股权结构制度的设计中，超级表决权股的流动性不高，不能够通过证券市场进行交易转移。因此，需要考虑在何种特定情况下将超级投票权股转化为普通投票权股，即设计落日条款（Sunset Provision）和燕尾条款（Coattail Provision）。

落日条款的核心思想是约定在公司 IPO 后允许再次投票决定是否延续使用双层股权结构，或者在公司章程中规定在某些事件发生时，超级投票权股将转化为普通投票权股。[1]Bebchuk 和 Kastiel 将落日条款分为定期落日条款（Fixed-Time Sunset Provision）、条件触发落日条款（Triggering-Event Sunset Provision）、股权百分比落日条款（Ownership-Percentage Sunset Provision）三种类型，他们认为随着公司上市时间的不断延长，双层股权结构的优势将逐渐消失，而潜在成本却在不断上升，采用定期落日条款可以有效解决这一问题，条件触发日落条款和股权百分比日落条款在上市规则中应用比较多。[2]Winden 认为，落日条款主要包括稀释的落日条款、剥夺的落日条款、分离的落日条款等六种类型，落日条款可以有效防止无效的双层股权结构延续，对完善公司治理具有重要意义。[3]根据美国证监会披露，2003—2018 年的 15 年间，美国企业 IPO 时设置双层股权结构的公司共计 157 家，其中有 71 个公司设置了落日条款。实际上可以将落日条款划分为时间型落日条款和事件型落日条款，其中，时间型落日条款规定到某一时间点后，由全

---

① Cremers, M., Lauterbach, B. and Pajuste, A., "The Life-cycle of Dual Class Firm Valuation", *European Corporate Governance Institute Finance Working Paper*, 2018.

② Bebchuk, L. A. and Kastiel, K., "The Untenable Case for Perpetual Dual-class Stock", *Virginia Law Review*, Vol.103, 2017.

③ Winden, A. W., "Sunrise, Sunset: An Empirical and Theoretical Assessment of Dual-class Stock", *Columbia Business Law Review Working Paper*, 2018.

体股东按"一股一票"原则决定是否继续实行双层股权结构；事件型落日条款因出现法定或公司章程规定的事件时触发，超级投票权股票转化为普通股股票。但是，是否采用落日条款的权力在公司手中，拥有超级投票权的股东主动在公司章程中限定自己日后的权力，从这一点上看并不现实。如果法律强制采用双层股权结构的公司设定落日条款可能违背公司自治之嫌。[①] 新加坡证券交易所在上市规则讨论过程中，曾经引入了日落条款，最终规则却将之删除，主要原因在于落日条款的设计与双层股权结构的初衷相悖。美国机构投资者提倡的半强制落日条款具有借鉴意义，这种方案主要是法律强制实施双层股权结构的公司一定适用期限，期限到达后由全体股东按"一股一权"原则投票决定是否继续采用双层股权结构。这种方案既维护了公司自治，又避免了双层股权结构持续存在的负面影响。

燕尾条款是为了限制超级投票权股东因控制权私利等原因任意转让其股份，要求收购者在购买超级投票权股份时必须以同等价格购入限制性投票权股份，否则股份转让不成立。1987 年，加拿大多伦多证券交易所规定了上市公司强制性实行燕尾条款。从创始人或管理层的角度看，转让超级投票权会给公司未来发展传递消极信号，对公司治理和企业文化的稳定性造成影响，对企业发展不利。从收购方来看，如果收购股东为超级投票权支付过多的溢价，将来对企业的隧道挖掘行为将会更严重，对企业长期绩效也会产生不利影响。因此，通过燕尾条款对中小股东和公司长远发展都具有重要意义。

六　要求仅允许在首次发行时设置双层股权结构

严禁上市公司在上市后通过修改章程提高已发行股份的表决权。在公司公开发行股份时，外部投资者购买股份所愿意支付的价格是以未来公司的预期回报为基础的。当公司向外部投资者发行低表决权股，而

---

① 张欣楚：《双层股权结构：演进、价值、风险及其应对进路》，《西南金融》2019 年第 6 期。

向创始人团队发行高投票权股时，外部投资者将会预期到创始人团队对公司的强控制权，同时也会预期到未来创始人团队将面临较低的约束。面对可能存在的情况，外部投资者可以根据预期风险与收益的关系做出判断是否进行投资。在公司发行股票后，通过修改公司章程再次设置双层股权结构容易造成对中小股东的胁迫。[①] 按照现行的《公司法》的规定，修改公司章程只需要多数人表决通过即可。上市公司进行决策时，准备实施双层股权结构的创始人团队已经具有比较高的股权，而外部投资者很难联合起来对双层股权结构的实施决策产生实质性影响。在这种预期之下，议案一般顺利通过，而外部投资者选择"用脚投票"。这会对公司股价产生很大的负面影响，而未出走的外部投资者将被套牢。简言之，公司上市时设立双层股权结构，中小投资者有选择和判断的可能，而在上市后再考虑设置双层股权结构，中小股东只能被动地接受结果，最终造成对中小投资者利益的侵害。

第四节　中国推进双层股权结构的配套制度

结合双层股权结构制度的国际经验、中国探索以及采用双层股权结构上市的典型案例和双层股权结构制度的适用性分析，可以看到，中国推进双层股权结构需要一系列的配套制度建设，比如上市制度、股票市场发行机制、资本市场监管机制、投资者权益保护制度、建立有效的资本市场等。结合中国实际，笔者认为，在当前我国资本市场制度环境下，股票发行注册制以及证券集体诉讼等制度将是我国推进完善双层股权结构配套制度的重点。

一　股票发行注册制建设

自从我国 1993 年不断建立股票市场以来，我国新股发行的制度分

---

① 蒋学跃：《公司双重股权结构问题研究》，《证券法苑》2014 年第 4 期。

别经历了最初时的审批制和 2000 年的核准制，[①] 并不断循序渐进地引入注册制，有些学者甚至将注册制称为我国资本市场的最后一块拼图。[②] 所谓股票发行注册制是指证券管理机制仅对拟发行股票的企业所提交的资料、所披露的信息进行审查，包括所披露信息的准确性、完整性、及时性以及真实性，而不对相关股票是否具有投资价值进行审查的制度。[③] 由于在注册制下，证券监督管理机构对于新股发行审查的侧重点已经转移到相关公司的信息披露或公开发行申请的格式和形式上，[④] 所以，在注册制下，新股发行的门槛将进一步降低，从而使得新经济类型企业获得更多在资本市场融资的机会、充分发挥市场化机制在资源配置中的作用和价值、加速资本市场的制度建设。[⑤] 我国政府高度重视股票发行引入注册制，早在 2013 年 11 月召开的党的十八届三中全会所发布的《中共中央关于全面深化改革若干重大问题的决定》中，就明确提出"推行股票发行注册制改革"。之后，中国证监会在同月发布的《关于进一步推进新股发行体制改革的意见》中，也明确提出"为实行股票发行注册制奠定良好基础"。2015 年 12 月，全国人民代表大会常务委员会（2015）通过《关于授权国务院在实施股票发行注册制改革中调整适用〈中华人民共和国证券法〉有关规定的决定》，积极推动实施股票发行注册制改革的法律依据问题；[⑥] 2018 年 2 月 24 日，全国人大常委会（2018）通过《关于延长授权国务院在实施股票发行注册制改革中调整适用〈中华人民共和国证券法〉有关规定期限的决定》，要求

① 栗云云、姚秉琪：《IPO 注册制改革对股市的影响分析》，《时代金融》2018 年第 36 期。

② 王亚杰：《全面推行注册制：最后一块拼图》，《深圳商报》2019 年 12 月 30 日第 A06 版。

③ 张靖璐：《我国实行股票发行注册制系统环境探究》，《合作经济与科技》2020 年第 2 期。

④ 杜晶：《注册制审查的域外实践和理论内涵解析》，《证券法律评论》2015 年第 4 期。

⑤ 安宁：《注册制下新股发行生态现三大变化》，《证券日报》2020 年 3 月 4 日第 A01 版。

⑥ 全国人大常委会：《关于授权国务院在实施股票发行注册制改革中调整适用〈中华人民共和国证券法〉有关规定的决定》（2015 年 12 月 27 日），2020 年 3 月 7 日，http://www.csrc.gov.cn/pub/newsite/flb/flfg/flxzsf/201805/t20180518_338276.html。

"积极推进股票发行注册制改革"。[①] 2019年1月，中国证监会（2019）发布《关于在上海证券交易所设立科创板并试点注册制的实施意见》，决定在上海证券交易所设立科创板，并且积极试点开展创业板股票发行注册制试点工作，拉开了我国新股发行注册制工作的序幕。[②] 2019年12月28日，全国人大常委会（2019）修订通过新版《中华人民共和国证券法》，明确"证券发行注册制的具体范围、实施步骤，由国务院规定"。[③] 2020年2月29日，国务院办公厅（2020）发布《国务院办公厅关于贯彻实施修订后的证券法有关工作的通知》（国办发〔2020〕5号），对"分步实施股票公开发行注册制改革""落实好公司债务公开发行注册制要求""完善证券公开发行注册程序"等做出明确规定，标志着我国股票发行注册制改革不断深入推进。[④] 2020年4月27日，中央全面深化改革委员会第十三次会议审议通过了《创业板改革并试点注册制总体实施方案》，在充分吸收借鉴科创板试点注册制的成功做法基础上，开启创业板试点注册制，标志着我国资本市场深化改革、完善资本市场基本制度的新里程碑。[⑤]

　　显而易见，股票发行注册制已经成为我国资本市场制度建设的重要方向之一，并且，随着相关制度的不断完善以及相关试点工作不断取得成效，我国股票发行注册制必然成为资本市场制度建设的重大变革。之所以将股票发行注册制建设作为中国推进双层股权结构的配套

[①] 全国人大常委会：《关于延长授权国务院在实施股票发行注册制改革中调整适用〈中华人民共和国证券法〉有关规定期限的决定》（2018年2月24日），2020年3月7日，http://www.gov.cn/xinwen/2018-02/24/content_5268531.htm。

[②] 中国证券监督管理委员会：《关于在上海证券交易所设立科创板并试点注册制的实施意见》（2019年1月28日），2020年3月7日，http://www.csrc.gov.cn/pub/zjhpublic/zjh/201901/t20190130_350485.htm。

[③] 全国人大常委会：《中华人民共和国证券法》（2019年12月28日），2020年3月7日，http://www.npc.gov.cn/npc/c30834/201912/7507169360184250b304ca1dcb843a57.shtml。

[④] 国务院办公厅：《国务院办公厅关于贯彻实施修订后的证券法有关工作的通知》（国办发〔2020〕5号）（2020年2月29日），2020年3月7日，http://www.gov.cn/zhengce/content/2020-02/29/content_5485074.htm。

[⑤] 吴黎华：《深化改革 创业板试点注册制方案获批》（2020年4月28日）2020年5月2日，http://finance.sina.com.cn/roll/2020-04-28/doc-iirczymi8749239.shtml。

制度，是因为股票发行注册制本身的制度建设是市场化原则的充分体现。具体来看，由上述对于股票发行注册制的理论分析和制度建设可以看到，股票发行注册制最大限度降低了政府证券监督管理部门对于股票发行的直接干预，从而在政府和市场之间的关系界定方面，更加明确了政府的管理边界和市场的作用边界。股票发行注册制更加注重市场的作用，从而更加突出了投资者自身的作用，究竟一家公司的股票是否具有投资价值，投资者说了算。显而易见，无论是最大限度地降低政府干预，还是最低程度地发挥市场的作用，对于双层股权结构的股权制度建设而言均具有较强的合宜性。在股票发行注册制的背景之下，投资者对于是否投资采用双层股权结构制度的上市公司具有最终的决策权，投资者如果是简单的财务投资者，不将获取上市公司的控制权作为做出投资决策的重要考量，那么就可以基于盈利性、成长性、安全性的分析，做出是否投资双层股权结构制度的上市公司；如果投资者不仅是简单的财务投资者，开展上市公司投资还为了获得相关公司的控制权，那么完全可以避开采用双层股权结构制度的上市公司。所以，实行股票发行注册制增加了投资者的自主权，相当于在投资者之中进行了一定程度的筛选，降低了采用双层股权结构制度公司上市的门槛，在确保采用双层股权结构制度的上市公司顺利上市的同时，维护了创始股东或高层管理人员对于公司的控制权。

二　证券集体诉讼制度建设

所谓证券集体诉讼制度是指允许多个投资者针对公司的多个索赔请求能在同一诉讼程序中得到解决的诉讼机制。[①]尽管我国在 1999 年版本《证券法》中就对财务造假等各类虚假陈述对投资者造成的损害的赔偿问题做出明确规定，2005 年版本的《证券法》进一步明确了内部交易、操纵市场等行为对于投资者的赔偿问题做出明确规定；但是，直到 2020 年 3 月 1 日所正式实施的修订版《证券法》，才明确"投资者

---

① 汤欣：《建立中国式证券集体诉讼制度》，《中国金融》2019 年第 23 期。

保护机构"作为投资者尤其是中小股东的保护机制，新修订的《证券法》也标志着中国特色的证券集体诉讼制度正式登场。①

之所以中国推进双层股权结构的配套制度建设需要证券市场集体诉讼制度建设，是因为较单层股权结构制度而言，尽管双层股权结构制度的引入保护了推行双层股权制度上市公司创始股东或高层管理者对于上市公司的控制权，从而保证了相关上市公司生产运营和战略走向的稳定性，但是，与此相应，也在事实上"剥夺"了其他不具备超级表决权的股东的表决权。所以，在"同股不同权"原则的推行下，尽管在收益权方面依然坚持"同股同收益"的原则，但是，具备超级表决权的股东依然可能"侵蚀"不具备超级表决权股东的利益。由我国在海外上市的实施双层股权结构制度的企业的现实实践就可以看到，这种情况并非罕见，有些实施双层股权制度的上市公司控股股东就曾发生过发放超级奖金的事件，这在一定程度上可以说是对于不具备超级表决权的股东利益的侵蚀。因此，为了在推行双层股权结构制度的过程中做好不具备超级表决权的股东的权益保护工作，就需要建立集体诉讼机制。从表面效果来看，建立集体诉讼机制在一定程度上制约了拥有超级表决权股东的权利，从而对双层股权结构制度的推行有一定程度的制约效果。但是，从更深层次效果来看，建立集体诉讼机制在一定程度上对双层股权结构制度的推行也具有重要的推动作用，因为随着集体诉讼制度对于不具备超级表决权股东权益保护的强化，提升了投资实施双层股权结构制度上市公司的吸引力，从而助力双层股权结构制度在上市公司的引入。因此，从某种意义上讲，证券集体诉讼制度建设是推进双层股权结构的配置制度之一。

三 超级投票权股东信义义务审查标准

信义义务（Fiduciary Duties）是指管理者在经营公司业务时，毫无

---

① 安宁：《小股东维权"配置"升级 中国特色证券集体诉讼实操渐近》，《证券日报》2020年3月6日第A01版。

保留地代表全体股东利益最大化努力工作，当自身利益与公司利益发生冲突时，以公司利益为先，可以分为诚实义务（Duties of Loyalty）和注意义务（Duties of Care）。[①] 信义义务实际上源自于股东与管理者之间的信任关系。双层股权结构制度中，独立董事是对超级投票权股东行为进行约束的主要机关，但是仅仅依靠独立董事的力量难以对超级表决权股东形成强有力的保证。在司法的最后防线中建立起一套超级投票权股东信义义务审查标准，将对双层股权结构中超级投票权股东形成强而有力的约束。

第五节　简要结论

本章分为四个主体节对中国企业实施双层股权结构制度的范式设计进行了深入的探索。具体从"中国企业双层股权结构制度设计的前提条件""中国推进双层股权结构制度的主要思路""中国推进双层股权制度的具体举措"和"中国推进双层股权结构的配套制度"四个方面进行了深入的分析。

在"中国企业双层股权结构制度设计的前提条件"节，笔者认为在我国推进双层股权结构制度，需要具备一定的前提条件，其中最重要的四条包括：放宽《公司法》对"一股一权"的强制性规定、强化和完善上市公司强制性信息披露机制、加强监管机构对双层股权结构的监管职能以及完善上市公司相关法律法规中的事后救济机制。

在"中国推进双层股权结构制度的主要思路"节，笔者提出四个方面的推进双层股权结构制度的思路，分别为实施双层股权结构的认定标准、战略性新兴产业企业设置双层股权结构、国有企业分类设置双层股权结构以及渐进推进双层股权结构制度。

在"中国推进双层股权制度的具体举措"节，笔者提出中国推进双层股权制度的具体举措，包括进一步健全和完善上市公司内部控制机

[①] 张欣楚：《双层股权结构：演进、价值、风险及其应对进路》，《西南金融》2019年第6期。

制、确定科学的实施双层股权结构的认定标准、对超级投票权股份和普通表决权股份的持有人做出限定、适度限制拥有超级表决权股东的表决权限、明确双层股权结构回转单一股权结构机制以及要求仅允许在首次发行时设置双层股权结构等。

在"中国推进双层股权结构的配套制度"节，笔者认为中国推进双层股权结构需要做好配套制度建设，其中最重要的三点分别为做好股票发行注册制建设、强化证券集体诉讼制度建设以及规定超级表决权股东信义义务审查标准。

第八章

研究结论与政策建议

双层股权结构制度从产生、发展到现在已经经历了 100 多年的时间。在整个发展过程中，双层股权结构的合法性、科学性以及可行性等问题引起立法界和学术界的广泛讨论，并引领着理论和实践不断向前发展。考虑到双层股权结构存在的负面风险，结合我国证券市场发展的现实情况，应该审慎推进双层股权结构制度，从不断试错到逐步推广，最大限度地发挥其积极作用。

第一节　研究结论

解决股权融资与保持控制权之间的矛盾是许多国内外监管当局和企业共同面对的公司治理难题，这一问题在股权分散时代显得尤为突出，对于新经济企业更为棘手。通过对双层股权结构制度的现实背景、理论基础、国际经验、中国实践、典型案例、适用性分析以及范式设计进行比较全面的研究，本书得出以下几个方面结论：

第一，审慎推进双层股权结构制度是大势所趋。历史上，"同股不同权"先于"同股同权"存在，不同投票权安排是常态。一是接纳双层股权结构具有深刻的现实背景。当前已经由工业经济时代转入知识经济时代，我国的资本市场股权正在逐渐分散化，控制权争夺事件不断上演，由于国内对于"同股同权"原则的坚持，创始人为保持控制权，致使大量优质的科技企业纷纷赴海外上市，造成优质上市资源不断外流，并进一步对我国资本市场竞争力产生不良影响。二是双层股权结构得到了学术界的广泛接纳。在双层股权结构问世以来，已有一百余年的时间，目前学术界对双层股权结构的讨论已经由"要不要允许双层股权结构存在"转向"如何更好地发挥双层股权结构的作用"。没有完美的制度，对于双层股权结构制度亦是如此。学术界目前对双层股权结构的接纳程度较高，讨论和研究的焦点已经逐渐转向如何更好地利用其优势上来，比如何种情况适合于采用双层股权结构，如何有效规制双层股权结构对委托—代理问题的加剧，如何设计机制来保障投资者权益等相关内容。三是双层股权结构在实践中得到越来越多的应用。双层股权结构作为缓解"融资需求与控制权保持"难题的有效举措之一，越来越多国家和地区的政策正在放松对双层股权结构的限制，越来越多采用双层股权结构的企业实践正在不断涌现。随着我国资本市场的不断发展，市场容量、监管能力、投资者成熟度均具有较大程度的提高，推进双层股权结构制度的基础已经基本具备。客观上，我国新经济企业具有采用双层股权结构上市的融资需求和控制权要求，因此，审慎稳妥地推进双层股权结构制度在我国渐进发展是大势所趋。

第二，双层股权结构的实证研究比较矛盾。反对双层股权结构的观点认为，该制度违反司法平等原则和股份公司"资合性"的特征，加剧代理风险，已经有很多方式可以反收购，没必要再设置这种高风险模式超级投票权使得"恶意收购"这种市场化调节方式失败。支持双层股权结构的观点则认为，应该允许公司自行设置更有效率的股权架构，市场会因潜在治理风险而给予双层股权架构公司折价，从而起到调节作用，双层股权结构使公司管理层更稳定，有利于实现中长期目标。从实证研究来看，没有确凿证据证明实行双层股权结构的公司整体取得了更好或更差的业绩和股票市场表现。多数研究发现，双层股权结构的不利影响占据主导位置，比如双层股权结构提高控制权私利、降低公司价值等。有些研究发现，双层股权结构是一种有效率的制度安排，可以缓解管理层短视、促进管理层投入专用性人力资本，提升企业价值。现有文献的实证结果难以达成一致结论，因此在实务领域仍然保持着对双层股权结构的谨慎性。所以，从理论研究角度看，要不要实施双层股权结构与各国家和地区证券交易所的指导思想、竞争的需要、当地法律体系、社会生态相关，且具有一定的路径依赖性。

第三，越来越多的国家和地区正在接纳双层股权结构。如何在股权稀释和控制权稳定之间寻求稳定，需要一个合理制度安排。是否接纳双层股权结构上市对世界各国的资本市场来说都是一个比较艰难的抉择。从目前来看，全球各国资本市场对于双层股权结构有不同的做法，总结起来分三类：第一类是公司法及上市规则允许双层股权结构，如美国、加拿大、瑞典、新加坡、中国香港；这些国家和地区的司法对于"同股不同权"相当宽容，尤其是针对非上市公司，但对于上市公司，有些国家和地区则限制较多；第二类是允许非上市公司采用双层股权架构，但禁止上市公司采用，如英国、澳大利亚；第三类是公司法禁止使用双层股权结构，如德国、西班牙、韩国、中国内地。从区分来看，英美法系更倾向于设置更自由宽松的规定，而大陆法系的不少国家在公司法法条中禁止使用双层股权结构。在全球前20大证券交易所中，多数交易所经历了由坚持"同股同权"原则到"同股不同权"原则的转变，当前已经有60%的重要交易所引入了"同股不同权"原则，允许上市公司设计双层股权结构架构。近年来，日本、新加坡以及我国香港地区相继倒戈，开始接纳双层股权结构上市。这反映了一个基本的事实，立足于"同股不同权"原则的双层股权结构设计将成为未来各国资本市场发展的重要方向。总体来看，是否接纳双层股权结构制度要结合法律制度、资本市场有效性、各地区交易所指导思想、社会文化等各方面进行综合考虑。

第四，我国正在积极探索推进双层股权结构。伴随着资本市场的发展以及来自双层股权结构实践的反推力量，中国资本市场正在加快改革步伐，对新经济企业敞开怀抱。香港证券交易所允许双层股权结构公司上市、A股发行中国存托凭证、上海证券交易所科创板允许"表决权差异安排"等渐进改变正在不断上演，但当前仍面临观念的更新及制度的完善等障碍。其中，2018年6月4日，中国证监会审议通过《存托凭证发行与交易管理办法（试行）》，中国版存托凭证开始落地实行；2018年4月30日，香港证券交易所正式接纳"不同投票权架构"公司赴港股上市融资；2019年3月1日，上海证券交易所科创板正式落地，允许企业采用双层股权结构上市。本书对我国现行法律法规中有关双层股权结构制度的主要规定进行梳理分析，对我国资本市场的双层股权结构最新实践进行跟踪研究。

第五，国内外企业采用双层股权结构上市的新经济企业逐渐增多。笔者对以 Google 公司、Facebook 公司和 SNAP 公司为代表的采用双层股权结构的西方典型企业案例进行梳理分析，对以京东集团、阿里巴巴公司和小米公司为代表的采用双层股权结构的中国典型企业案例进行深入剖析，研究发现，在采用双层股权结构上市的企业实践过程中，实施双层股权结构机制可能产生一定的问题，包括持有超级表决权的创始股东的不适当行为或违法行为可能对公司资本市场表现乃至生产运营造成极大的影响，也可能对于非超级表决权持有者的权益造成损害等；不过，实施双层股权结构机制对于互联网企业等高科技企业可能是理想的公司治理机制选择，双层股权结构使创始股东或高层管理人员持有较高投票权的股票，有利于企业做出正确的决策。

第六，我国基本具备引入双层股权结构适用的土壤。我国的事前监管体制和事后救济制度不断完善，资本市场的有效性不断提高，已经基本具备引入双层股权结构制度的制度环境要求和资本有效性要求。双层股权结构制度的引入需要考虑行业特征、企业属性和管理层特质。具体来说，对于具有战略性、整合性以及不确定性的战略性新兴产业适于引入双层股权结构。对于科创企业、家族企业、文化传媒类企业、国有企业、国际化企业来说，双层股权结构更加适用。引入双层股权结构还需要结合管理层的动机、声誉和能力进行综合考虑。随着我国资本市场和法治环境的进一步完善，形如双层股权结构的股权安排不应该成为企业创新创业、资本市场竞争以及经济社会增长的障碍，而是应该通过制度创新为企业发展提供更大更好的空间，由市场机制来检验制度创新的效果。

第七，合理设置双层股权结构可以避免双层股权结构的弊端。由于双层股权结构天然的两面性，因此，在引入双层股权结构制度时，需要合理设置双层股权结构，有效规避可能带来的不利影响。在双层股权结构制度的前置条件方面，考虑放宽《公司法》对"一股一权"的强制性规定，强化和完善上市公司强制性信息披露机制，加强监管机构对双层股权结构的监管职能，完善上市公司相关法规法律中的事后救济机制等基本制度。我国推进双层股权结构的主要思路是应该结合人力资本重要性和战略性新兴产业与否两个维度对所有的企业进行划分。同时，国有企业分类设置股权有利于国有企业的长远发展、保护国家权益以及完善国有企业公司治理。在推进双层股权结构的过程中，需要着重考虑完善上市公司内部控制机制，确定科学的实施双层股权结构认定标准，对超级表决权股份和普通表决权股份的持有人做出限定，适度限制拥有超级表决权股东的表决权限，明确双层股权结构回归单一股权结构机制，仅允许在首次发行时设置双层股权结构等方面的具体措施。配合股票发行注册制、证券集体诉讼制度建设、超级投票权股东信义义务审查标准等制度建设，"兴利除弊"地发挥双层股权结构制度的最大作用。

第二节　政策建议

为了推进双层股权结构制度更好地发展，充分发挥双层股权结构在抵御恶意并购、鼓励管理层投入专用性人力资本投资、做出有利于企业长期发展的决策等方面的作用，尽量规避代理成本增加、监督制度失效、对创始人的盲目崇拜等弊端，本书提出以下三个方面的政策建议。

第一，允许采用双层股权结构上市，推动我国资本市场制度创新。我国有大量优质的企业纷纷赴海外上市，其中影响企业决策的重要因素之一就是股权结构，这将影响未来我国资本市场的良性发展。我国四大互联网巨头 BATJ 无一在 A 股上市，这不得不说是我国资本市场的一大遗憾。2015 年，百度采用双层股权结构在美国纳斯达克上市，其中 B 股的表决权是 A 股的 10 倍；2014 年，阿里巴巴采用合伙人制度登陆美国纽约证券交易所；2004 年，腾讯公司在香港联交所主板公开上市；2014 年，京东采用双层股权结构在美国纳斯达克证券交易所上市，超级表决权股是普通股表决权的 20 倍。虽然我国开始引入中国存托凭证，希望吸引境外的"独角兽"企业回归 A 股，但是笔者认为，中国存托凭证只是一种新型的融资工具，而不是基础性制度改革，这样的方式并不能对境外企业形成有效吸引。2019 年 1 月 30 日，上海证券交易所发布《上海证券交易所科创板股票上市规则（征求意见稿）》，明确提出允许设置差异化表决权的企业在科创板上市，我国 A 股首次实践双层股权结构制度。当前，科创板引入双层股权结构制度尚需市场的检验，但这是我国制度创新的积极尝试，为新经济企业采用双层股权结构上市提供制度层面的保障。在科创板双层股权结构试验成熟后，未来我国主板市场可以考虑进行基础性变革，进一步提高我国资本市场的吸引力和竞争力。

第二，充分汲取国内外理论和实践经验，科学设计双层股权结构制度。双层股权结构制度可以有效解决公司发展进程中募集资金和保持表决权之间的矛盾，也存在公司内部超级表决权股东对于外部股东利益进行侵害的可能，这是双层股权结构制度与生俱来的两面性。与国际上对双层股权结构应用已久不同，双层股权结构制度对于国内资本市场来说仍然是一种新生制度。目前我国上海证券交易所科创板对表决权差异安排的相关规定与香港证券交易所相近，在规则设计中进行了比较严格的限制，如市值门槛、转让限制、投票权上限、信息披露等。我国在积极探索双层股权构架的过程中，需要结合国内外理论进展和实践探索，科学合理设计双层股权结构制度，尽量避免双层股权结构的弊端，同时将双层股权结构的优势发挥到最大限度。

第三，继续深化我国法律体系和资本市场改革，完善投资者保护机制。面对公司治理新变化、新难题，当前我国《公司法》《证券法》仍然缺乏相关的支持，也缺乏如集体诉讼制、投资者保护等配套制度。虽然我国国务院可以另行规定，突破了《公司法》对股份制企业"同股同权"的限制，但双层股权结构制度仍然缺乏足够的合法性。再加之近年来新加坡等许多周边经济体对双层股权结构态度渐趋松动，倒逼我国进行法律体系和资本市场的加速改革。针对这一形势，除了在上海证券交易所科创板试行双层股权结构制度外，还应从放宽《公司法》对"一股一权"的强制性规定、强化和完善上市公司强制性信息披露机制、加强监管机构对双层股权结构的监管职能以及完善上市公司相关法律法规中的事后救济机制等方面入手进行外部法律环境的改善，形成双层股权结构制度中国化的有益经验，使双层股权结构在国内平稳落地。

第三节　未来研究展望

制度是特定历史条件下的产物，制度不断变革更新是社会不断向前发展的象征。在人类社会从工业经济时代跨入知识经济时代的重要时期，以"企业家"为中心的公司治理范式正在逐步形成，这样的演进和更迭具有历史的必然性。在制度演进的过程中，资本市场的发展起到了重要的推动作用，公司制企业是制度更迭的根本动力，公司治理已经成为社会经济的重要组成部分。当前双层股权结构制度在实践中的应用不仅需要时间的沉淀，更需要学术领域的思考和创新。笔者认为，进一步对双层股权结构制度的研究应该从以下三个方面着手。

第一，双层股权结构影响企业业绩的内在作用机制。现有文献关于双层股权结构与企业业绩之间的实证研究结论不一致，甚至相反，这其中的原因不仅仅是样本数据的差异，更有可能的原因在于影响机理的不清晰，双层股权结构选择的内生性问题可能污染研究结论的效度。[①] 文献中关于双层股权结构对公司市值和财务业绩的影响，几乎是将股权结构与公司价值、财务业绩相联系，而忽视了对居于中间的传导机制进行深入研究。也就是说，股权结构是如何影响公司治理结构的，进而公司治理结构是如何影响公司决策的，如公司治理结构如何影响投资安排、研发创新、专用性人力资本投入等方面的管理决策，最后对公司市值和财务业绩产生影响。这样的研究有助于揭示双层股权结构对公司控制安排、管理决策和业绩改善之间的逻辑关系，有助于对企业改变股权安排和改善公司治理水平提供启示。

第二，双层股权结构的治理机制设计。不论是双层股权结构制度，

---

① Adams, R. and Ferreira, D., "One Share-one Vote: The Empirical Evidence", *Review of Finance*, Vol.12, No.1, 2008.

还是单一股权结构制度，均是利弊共存，这是制度的特点，有时可能弊大于利，有时可能利大于弊。那么，企业应该如何根据内外部环境、所处行业、企业性质、发展阶段、投资者保护等不同因素设计双层股权结构，在治理机制上找到平衡，这是一个值得进一步深思的问题。

第三，双层股权结构的不同学科融合研究。以往关于双层股权结构制度的研究基本从法学、经济学、管理学以及哲学等领域展开，学科之间缺乏交流与合作。实际上，双层股权结构制度的推进发展，不仅需要法律层面的认可与研究，更需要深刻的经济学理论支撑，需要从管理学角度对实践进行放大思考。未来关于双层股权结构制度的研究，更需要不同学科之间的合作与整合。

参考文献

Abdullah, Zhou J. N., and Shah, M. H., "Performance of Cross Listed Dual-Class Firms: Evidence from Chinese Firms Cross Listed on US Exchanges", *Emerging Markets Finance and Trade*, Vol.54, No.15, 2018.

Adams, R. and Ferreira, D., "One Share-one Vote: The Empirical Evidence", *Review of Finance*, Vol.12, No.1, 2008.

Adizes, I., *Corporate Lifecycles: How and Why Corporations Grow and Die and What To Do About It*, Englewood Cliffs, NJ: Prentice-Hall, 1990.

Amoako-Adu, B., Baulkaran, V. and Smith B. F., "Executive Compensation in Firms with Concentrated Control: The Impact of Dual Class Structure and Family Management", *Journal of Corporate Finance*, Vol.17, No.5, 2011.

Anabtawi, I., "Some Skepticism about Increasing Shareholder Power", *UCLA Law Review*, Vol.53, No.6, 2005.

Anderson, R. C., Duru A., and Reeb D. M., "Founders, Heirs, and Corporate Opacity in the United States", *Journal of Financial Economics*, Vol.92, No.2, 2009.

Anete, P., "Determinants and Consequences of the Unification of Dual-Class Shares", *European Central Bank Working Paper Series*, 2005.

Arugaslan, O., Cook, D. O. and Kieschnick, R., "On the Decision to Go Public With Dual Class Stock", *Journal of Corporate Finance*, Vol.16, No.2, 2010.

Bebchuk, L. A. and Kastiel, K., "The Untenable Case for Perpetual Dual-class Stock", *Virginia Law Review*, Vol.103, 2017.

Begley, T. M., "Using Founder Status, Age of Firm, and Company Growth

Rate as the Basis for Distinguishing Entrepreneurs from Managers of Smaller Businesses", *Journal of Business Venturing*, Vol.10, No.3, 1995.

Bennedsen, M. and Nielsen K. M., "Incentive and Entrenchment Effects in European Ownership", *Journal of Banking & Finance*, Vol.34, No.9, 2010.

Ben-Ishai, S. and Puri, P. "Dual Class Shares in Canada: An Historical Analysis", *The Dalhousie Law Journal*, Vol.29, 2006.

Bentel, K. and Walter G., "Dual Class Shares", *Comparative Corporate Governance and Financial Regulation*, 2016.

Berle, A. and Means, G., *The Modern Corporation and Private Property*, New York: Macmillan, 1932.

Claessens, S. and Djankov, S. and Lang L. H. P., "The Separation of Ownership and Control in East Asian Corporations", *Journal of Financial Economics*, Vol.58, No.1, 2000.

Chaudhuri, R. and Seo, H., "An Agency Theory Explanation of SEO Underperformance: Evidence From Dual-class Firms", *Journal of International Financial Markets*, Vol.22, No.3, 2012.

Chemmanur, T. J. and Jiao, Y., "Dual Class IPOs: A Theoretical Analysis", *Journal of Banking & Finance*, Vol.36, No.1, 2012.

Christensen, C. M. and van Bever D. C. M., "The Capitalist's Dilemma", *Harvard Business Review*, Vol.92, No.6, 2014.

Cremers, M., Lauterbach, B. and Pajuste, A., "The Life-cycle of Dual Class Firm Valuation", *European Corporate Governance Institute Finance Working Paper*, 2018.

Dey, A., Nikolaev, V. and Wang, X., "Disproportional Control Rights and the Governance Role of Debt", *Management Science*, Vol.63, No.9, 2016.

DeAngelo, H. and DeAngelo, L., "Managerial Ownership of Voting Rights: A Study of Public Corporations with Dual Classes of Common Stock", *Journal of Financial Economics*, Vol.14, No.1, 1985.

Dimitrov, V. and Jain, P. C., "Recapitalization of One Class of Common Stock into Dual-class: Growth and Long-run Stock Returns", *Journal of*

Corporate Finance, Vol.12, No.6, 2006.

Doidge, C., "US Cross-listings and the Private Benefits of Control: Evidence from Dual-class Firms", *Journal of Financial Economics*, Vol.72, No.3, 2004.

Elson, C. M. and Ferrere C. K., "Snap Judgment-Unequal Voting and Business Judgment Rule", *Center for Governance Research Working Paper*, 2019.

Faccio, M. and Lang, L. H. P., "The Ultimate Ownership of Western European Corporations", *Journal of Financial Economics*, Vol.65, No.3, 2002.

Fama, E. F., "Agency Problems and the Theory of the Firm", *Journal of Political Economy*, Vol.88, No.2, 1980.

Fama, E. F. and Jensen M. C., "Seperation of Ownership and Control", *Journal of Law and Economics*, Vol.26, No.2, 1983.

Gilson, R. J., "Evaluating Dual Class Common Stock: The Relevance of Substitutes", *Virginia Law Review*, 1987.

Gompers, P. A., Joy, I. and Andrew, M., "Extreme Governance: An Analysis of Dual-class Firms in the United States", *The Review of Financial Studies*, Vol.23, No.3, 2010.

Haire, M., *Biological Models and Empirical Histories of the Growth of Organizations: Modern Organization Theory*, New York, NY: John Wiley and Sons, 1959.

Hambrick, D. C., "Upper Echelons Theory: An Update", Vol.32, No.2, 2007.

Hansmann, H. and Pargendler, M., "The Evolution of Shareholder Voting Rights: Separation of Ownership and Consumption", *Yale Faculty Scholarship Series*, 2014.

Harris, Mi. and Raviv A., "Capital Structure and the Informational Role of Debt", *The Journal of Finance*, Vol.45, No.2, 1990.

Hilt, E., "When Did Ownership Separate from Control? Corporate Governance in the Early Nineteenth Century", *The Journal of Economic*

History, Vol.68, No.3, 2008.

Hong, H. A., "Does Mandatory Adoption of International Financial Reporting Standards Decrease the Voting Premium for Dual-class Shares?", *The Accounting Review*, Vol.88, No.4, 2013.

Howell, J. W., "The Survival of the US Dual Class Share Structure", *Journal of Corporate Finance*, Vol.44, No.7, 2017.

Jarrell, G.A. and Poulsen, A. B., "Dual-class Recapitalizations as Antitakeover Mechanisms: The Recent Evidence", *Journal of Financial Economics*, Vol.20, 1988.

Jensen, M. C., "Agency Costs of Free Cash Flow, Corporate Finance, and Takeovers", The American Economic Review, Vol.76, No.2, 1986.

Jensen, M. and Meckling, W., "Theory of the Firm: Managerial Behavior, Agency Costs and Ownership Structure", *Journal of Financial Economics*, Vol.3, 1976.

Jog, V., Zhu, P. C. and Dutta, S., "Impact of Restricted Voting Share Structure on Firm Value and Performance", *Corporate Governance: An International Review*, Vol.18, No.5, 2010.

Jordan, B. D., Kim, S. and Liu, M. H., "Growth Opportunities, Short-term Market Pressure, and Dual-class Share Structure", *Journal of Corporate Finance*, Vol.41, 2016.

Kang, D. L. and Aage B. S., "Ownership Organization and Firm Performance", *Annual Review of Sociology*, Vol.25, No.1, 1999.

Kreps, D. M., Milgrom P., Roberts J. and Wilson R., "Rational Cooperation in the Finitely Repeated Prisoners' Dilemma", *Journal of Economic Theory*, Vol.27, No.2, 1982.

La Porta, R., Lopez - De - Silanes, F. and Shleifer, A., "Corporate Ownership Around the World", *Journal of Finance*, Vol.54, 1999.

Lauterbach, B. and Yafeh, Y., "Long Term Changes in Voting Power and Control Structure Following the Unification of Dual Class Shares", *Journal of Corporate Finance*, Vol.17, No.2, 2011.

Lehn, K., Netter, J. and Poulsen, A., "Consolidating Corporate control: Dual-class Recapitalizations Versus Leveraged Buyouts", *Journal of Financial Economics*, Vol.27, No.2, 1990.

Li, T. and Nataliya, Z., "Information Environment and Earnings Management of Dual Class Firms Around the World", *Journal of Banking & Finance*, Vol.74, 2017.

Masulis, R. W., Wang, C. and Xie, F., "Agency Problems at Dual-class Companies", *The Journal of Finance*, Vol.64, No.4, 2009.

Maury, B. and Pajuste, A., "Multiple Large Shareholders and Firm Value", *Journal of Banking & Finance*, Vol.29, No.7, 2005.

McGuire, S. T., Dechun, W. and Ryan, J. W., "Dual Class Ownership and Tax Avoidance", *The Accounting Review*, Vol.89, No.4, 2014.

Milgrom, P. and Roberts, J., "Predation, Reputation, and Entry Deterrence", *Journal of Economic Theory*, Vol.27, No.2, 1982.

Niu, F., "Dual‐Class Equity Structure, Nonaudit Fees and the Information Content of Earnings", *Corporate Governance: An International Review*, Vol.16, No.2, 2008.

Nüesch, S., "Dual-class Shares, External Financing Needs, and Firm Performance", *Journal of Management & Governance*, Vol.20, No.3, 2016.

Ooghe, H. and Prijcker, D. S., "Failure Processes and Causes of Company Bankruptcy: A Typology", *Management Decision*, Vol.46, No.2, 2008.

Partch, M. M., "The Creation of a Class of Limited Voting Common Stock and Shareholder Wealth", *Journal of Financial Economics*, Vol.18, No.2, 1987.

Sauerwald, S., van, O. J. and Van, E. M., "Expressive Shareholder Democracy: A Multilevel Study of Shareholder Dissent in 15 Western European Countries", *Journal of Management Studies*, Vol.53, No.4, 2016.

Seligman, J., "Sheep in Wolf's Clothing: The American Law Institute Principles of Corporate Governance Project", *Geo. Wash. L. Rev.*, Vol.55, 1986.

Smart, S. B., Thirumalai, R. S. and Zutter, C. J., "What's in a Vote? The Short-and Long-run Impact of Dual-class Equity on IPO Firm Values", *Journal of Accounting and Economics*, Vol.45, No.1, 2008.

Stein, J. C., "Takeover Threats and Managerial Myopia", *Journal of Political Economy*, Vol.96, No.1, 1988.

Shleifer, A. and Vishny, R. W., "A Survey of Corporate Governance", *The Journal of Finance*, Vol.52, No.2, 1997.

Tallarita, R., "High Tech, Low Voice: Dual-Class IPOs in the Technology Industry", *Harvard Law School Working Paper*, 2018.

Toshima, K., "Cyberdyne's Dual-class IPO", *International Financial Law Review*, 2014.

Villalonga, B. and Amit, R., "How are US Family Firms Controlled?", *The Review of Financial Studies*, Vol.22, No.8, 2009.

Wang, H. and Liu, X. C., "The Impact of Investor Heterogeneity in Beliefs on Share Repurchase", *International Journal of Econometrics and Financial Management*, Vol.2, No.3, 2014.

Winden, A. W., "Sunrise，Sunset: An Empirical and Theoretical Assessment of Dual-class Stock", *Columbia Business Law Review Working Paper*, 2018.

Zinger, T., "Dual-class Share Structure, Founder Control and Enterprise Growth: New Insights and Directions for Research", *Entrepreneurial Practice Review*, Vol.1, No.1, 2009.

［加拿大］布莱恩·R.柴芬斯：《公司法：理论、结构和运作》，林华伟等译，法律出版社 2001 年版。

［美］奥利弗·E.威廉姆森：《资本主义经济制度：论企业签约与市场签约》，段毅才、王伟译，商务印书馆 2002 年版。

［美］弗兰克·伊思特布鲁克、丹尼尔·费希尔：《公司法的经济结构》，张建伟、罗培新译，北京大学出版社 2005 年版。

［美］哈罗德·德穆塞茨：《所有权、控制与企业：论经济活动的组织》，段毅才等译，经济科学出版社 1999 年版。

［美］托马斯·卡里尔：《智慧资本》，钟晓华译，中信出版集团 2016 年版。

[日]大冢久雄：《股份公司发展史论》，胡企林等译，中国人民大学出版社 2002 年版。

安邦坤：《审慎推动双重股权结构公司上市》，《中国金融》2018 年第 8 期。

巴曙松、巴晴：《双重股权架构的香港实践》，《中国金融》2018 年第 11 期。

杜晶：《注册制审查的域外实践和理论内涵解析》，《证券法律评论》2015 年第 4 期。

樊友丹：《存托凭证的中资企业实践》，《投资研究》2019 年第 7 期。

傅穹、杨金慧：《不同投票权制度：争议中的胜出者》，《证券法苑》2018 年第 2 期。

高菲：《争议中的双层股权结构：国际经验及对中国启示》，《理论月刊》2018 年第 8 期。

郭雳、彭雨晨：《双层股权结构国际监管经验的反思与借鉴》，《北京大学学报》（哲学社会科学版）2019 年第 2 期。

韩宝山：《橘兮？枳兮？——权变视角下国外双层股权研究中的争议》，《外国经济与管理》2018 年第 7 期。

黄群慧：《中国工业化进程与产业政策》，《中国经济报告》2019 年第 1 期。

黄臻：《双层股权结构有效运作的条件——基于美国与香港市场的实证研究》，《上海金融》2015 年第 6 期。

蒋学跃：《公司双重股权结构问题研究》，《证券法苑》2014 年第 4 期。

金帆、张雪：《从财务资本导向到智力资本导向：公司治理范式的演进研究》，《中国工业经济》2018 年第 1 期。

金雪军、郑丽婷：《谁能成为明星 CEO——管理者声誉的来源及影响》，《经济理论与经济管理》2015 年第 9 期。

鲁桐：《"独角兽"回归对资本市场的挑战》，《中国金融》2018 年第 12 期。

陆宇建：《公司二元股权结构研究述评和展望》，《外国经济与管理》2016 年第 5 期。

罗丽婷：《上市公司双层股权结构问题及其构建》，硕士学位论文，江西财经大学，2019 年。

李海英、李双海、毕晓方：《双重股权结构下的中小投资者利益保护——基于 Facebook 收购 WhatsApp 的案例研究》，《中国工业经济》2017 年第 1 期。

栗云云、姚秉琪：《IPO 注册制改革对股市的影响分析》，《时代金融》2018 年第 36 期。

李四海、吴伟节：《公司治理困境：当分散股权遇上中国传统文化》，《中国经济报告》2018 年第 11 期。

李先瑞：《创始人权威、控制权配置与高科技公司治理——以阿里巴巴的控制权争夺为视角》，《会计之友》2015 年第 10 期。

林海、常铮：《境外资本市场差异化表决权监管路径探究及启示》，《证券法苑》2018 年第 1 期。

刘娇娆、周运兰、刘晓娆：《万科控制权之争分析》，《财务与会计》2017 年第 15 期。

缪霞：《从科创板看我国双层股权结构的发展进路》，《区域金融研究》2019 年第 11 期。

齐宇、刘汉民：《国外同股不同权制度研究进展》，《经济社会体制比较》2019 年第 4 期。

强国令、刘克富：《"野蛮人入侵"、政府干预与双层股权结构——基于万科股权之争的案例研究》，《金融与经济》2018 年第 7 期。

施平、郑江淮：《战略性新兴产业的特征与发展思路》，《贵州社会科学》2010 年第 12 期。

石晓军、王骛然：《独特公司治理机制对企业创新的影响——来自互联网公司双层股权制的全球证据》，《经济研究》2017 年第 1 期。

宋建波、文雯、张海晴：《科技创新型企业的双层股权结构研究——基于京东和阿里巴巴的案例分析》，《管理案例研究与评论》2016 年第 4 期。

孙亚贤：《股权众筹公司创始人控制权维持的法律路径》，《法商研究》2017 年第 5 期。

汤欣：《建立中国式证券集体诉讼制度》，《中国金融》2019 年第 23 期。

王鷙然、胡波：《双层股权结构研究进展》，《经济学动态》2018 年第 9 期。

王春艳、林润辉、袁庆宏、李娅、李飞：《企业控制权的获取和维持——基于创始人视角的多案例研究》，《中国工业经济》2016 年第 7 期。

王瑞璇：《中国资本市场投资者结构大变革》，《金融经济》2018 年第 8 期。

王媛、傅康生：《中国公司海外上市双层股权选择的影响因素验证——基于美国 NASDAQ 市场分析》，《财会月刊》2017 年第 29 期。

吴飞飞：《现代公司控制权分配中"智识多数决"现象探究》，《证券市场导报》2019 年第 8 期。

肖利平：《公司治理如何影响企业研发投入？——来自中国战略性新兴产业的经验考察》，《产业经济研究》2016 年第 1 期。

徐海霞：《我国 A 股上市公司超级投票权制度构建研究》，硕士学位论文，浙江大学，2018 年。

杨小凯、黄有光：《专业化与经济组织：一种新兴古典微观经济学框架》，经济科学出版社 1999 年版。

张敦力、江新峰：《管理者能力与企业投资羊群行为：基于薪酬公平的调节作用》，《会计研究》2015 年第 8 期。

张舫：《一股一票原则与不同投票权股的发行》，《重庆大学学报》（社会科学版）2013 年第 1 期。

张继德、陈昌彧：《双重股权结构相关理论综述与国内推行展望》，《会计研究》2017 年第 8 期。

张靖璐：《我国实行股票发行注册制系统环境探究》，《合作经济与科技》2020 年第 2 期。

张欣楚：《双层股权结构：演进、价值、风险及其应对进路》，《西南金融》2019 年第 6 期。

张占锋：《我国移植双层股权结构制度法律问题研究》，博士学位论文，对外经贸大学，2018 年。

赵春辉：《我国上市公司双重股权制度研究》，硕士学位论文，湖南师范大学，2019 年。

郑志刚:《股权分散时代如何选择公司治理模式?》,《证券市场导报》2016 年第 12 期。

郑志刚:《从"股东"中心到"企业家"中心:公司治理制度变革的全球趋势》,《金融评论》2019 年第 1 期。

郑志刚、关田田:《"不平等投票权"的股票发行与控制权安排设计制度创新的边界——基于 Snap 公司三重股权结构的案例研究》,《金融评论》2018 年第 3 期。

郑志刚、邹宇、崔丽:《合伙人制度与创业团队控制权安排模式选择——基于阿里巴巴的案例研究》,《中国工业经济》2016 年第 10 期。